日本存亡の危機

元と高麗の侵攻

はじめに

モンゴル皇帝フビライは日本に侵攻する前、何回も使者を派遣していた。

一二六八年（侵攻の六年前）、その最初の使者、潘阜《パンブ》は博多の津から上陸し、鎮西奉行で大宰府の最高責任者・少弐資能《しょうにすけよし》に会った。そして、モンゴルの国書を差し出した。

おどろいた少弐資能は、潘阜たちをそのまま博多にとどめ置き、ただちに家臣にモンゴル国書を持たせ、鎌倉に急がせた。

こうしてモンゴルの国書は、鎌倉幕府の手に渡った。

幕府は審議のあと、それを京都に送り、朝廷に奏上した。

朝廷（院）でも連日、評定《ひょうじょう》が開かれ、審議がおこなわれた。問題は、返書を渡すか、渡さないか、だった。

朝廷も幕府も、国書の内容に怒っていた。

日本存亡の危機

元と高麗の侵攻

そのとき北条時宗は何を決断したのか

◎目次

第三章　趙良弼の使行……53

第四章　文永の役（一二七四年）……77

編集進行：石司隆一
装丁デザイン：ミウラデザイン事ム所

第一章
フビライと北条時宗

フビライ・ハーン（フレイザー編「日本からの手紙・島帝国における現代の生活の記録」より 国際日本文化研究センター所蔵）

菊池容斎画 北条時宗素描（エグモント編「地球一周旅行、日本」より 国際日本文化研究センター所蔵）

得宗・北条時宗

北条時宗の生い立ち

一二五一年（建長三）五月、鎌倉幕府の第五代執権・北条時頼《ほうじょうときより》の正室が男の子を生んだ。後の北条時宗《ときむね》である。

ところが時宗には腹ちがいの兄がいた。三歳年長の北条時輔《ときすけ》である。時輔は時頼の長男であるが、側室の子だったため、北条得宗《とくそう》家（嫡流）の地位は弟の時宗が受けつぐことになった。

北条時宗は十一歳のとき安達泰盛《やすもり》の妹、堀内殿《ほりのうちどの》と結婚した。妻は一歳年下だった。

その二年後（一二六三年）北条時頼は時宗を北条得宗の地位につけ、そして亡くなった。三十七歳だった。

まわりの者はなんとか時宗を守り育てようとし、翌年時宗は連署に就任した。連署は執権につぐ幕府のナンバー2の地位である。このとき時宗は十四歳だった（執権は北条政村）。

そしてこの年、幕府は北条時輔を京都の六波羅探題《ろくはらたんだい》（南方）に任命した。体よく鎌倉から遠ざけたのだ。

六波羅探題と摂家将軍

六波羅探題とは、京都の警備や朝廷の監視をおこなう幕府の機関で、南方と北方があった。執権、連署につぐ重要な役職ではあった。

それから二年後（一二六六年）、幕府は京都から招いた第六代将軍・宗尊親王《むねたかしんのう》を鎌倉から追放した。在位十四年、二十五歳になった将軍は危険でもあり、扱いにくいからだ。

その後幕府は、宗尊親王の子、三歳の惟康王《これやすおう》を新しい将軍とした。

北条時宗は幼いときから宗尊親王を兄のように親っており、仲がよかった。時宗の「宗」の字も宗尊親王からもらったものだ。それでも（それ故）幕府は宗尊親王を追放したのだ。

鎌倉幕府の将軍は頼朝、頼家のあと実朝が殺されて源家将軍は三代でおわった。

その後、京都から藤原（九条）頼経《よりつね》をむかえて第四代将軍とした。第五代はその子頼嗣《よりつぐ》がついだ。これを摂家（藤原）将軍という。

そして第六代将軍にむかえたのが後嵯峨天皇の皇子、宗尊親王（十一歳）だった。これ以後（六代～九代）を皇族将軍という。

これらの将軍はもちろん政治権力はゼロ、名前だけのお飾り将軍だった。

北条時宗が幕府の最高権力者の地位、執権に就任したのは、宗尊親王の追放から二年後、十八歳のときだった。

モンゴル、高麗に侵攻

高麗王国への侵攻と遷都

そのころ朝鮮半島では、高麗《コリョ》王国がモンゴルのたび重なる侵略、攻撃に苦しんでいた。

高麗がモンゴル帝国の侵攻を受けたのは一二三一年が最初である。以後三十年間、高麗王国はたびたびモンゴルの侵略、攻撃を受けた（大きな侵攻六回）。

最初の侵攻の翌年（一二三二）、高麗政権の実力者、崔瑀《チェウ》は都を開京《ケギョン》（開城《ケソン》）から他に遷そうと考えた。

崔瑀が思うに、モンゴルは海が苦手なはずだ。そこで、開京の近くの江華島《カンファド》にねらいをつけた。江華島は島全体が小高い丘状になっており、島自体が天然の要塞である。そこで高麗政府は島の周囲に城壁を築き、その内側に王宮、官庁、住宅、寺院などの建物をつぎつぎと建てた。

この江華島の都を江都《カンド》という。もちろん国王の高宗《コジョン》も江都にうつった。そしてこれ以後四十年ちかく、高麗王国の都は江華島におかれることになった。

ところが遷都のことを知ったモンゴルの皇帝オゴタイは激怒した。そしてその翌年（一二三二）、オゴタイは大軍に命じて、ふたたび高麗を侵略した。

太宗オゴタイはチンギス・ハーンの子供で、モンゴル帝国の第二代皇帝である。

蹂躙するモンゴルと大蔵経焼失

このとき、モンゴル軍は慶尚道《キョンサンド》の大邱《テグ》の符仁寺《プインサ》を襲撃し、重要な建物をつぎつぎと炎上させた。

そして、ばく大な金額を投入して彫られた八万枚におよぶ「大蔵経《デジャンギョン》」の版木がすべて焼失した。高麗王国は仏教を国教としており、とくに大蔵経を大事にしていた。

さらに二年後（一二三五年）オゴタイは三回目の大々的な高麗侵攻を命じた。このときもモンゴル軍は江都侵攻をしないで朝鮮半島本土を荒らしまわった。殺りく、掠奪、放火等、数年間にわたってあばれ回った。

その中で江華島の崔瑀政権はモンゴル軍に対抗するため、江都防衛の精鋭軍を編成した。これが「三別抄軍《サムビョルチョ》」である。

三別抄軍編成、大蔵経の復刻

三別抄軍は「左夜」、「右夜」、「神義」の三つの別抄軍を統合・強化したもので、数千人におよぶ兵力があった。

ところで江華島における高麗王国のもっとも大きな事業は、大蔵経の経版の復刻だった。

高麗は仏教国で、とくに国王高宗は熱心な仏教崇拝者だった。仏教の力で国を救い、敵を撃退しようと考えていた。

焼失して三年後（一二三六）、復刻に着手し、八万枚の復刻が完成したのは十五年後だった。

高宗から元宗へ

オゴタイの要求と人質

一二三八年、モンゴル皇帝オゴタイは高麗に使者を送って江華島への遷都を責め、国王が入朝して釈明することを求めた。

しかし高麗としては国王をモンゴル帝国に行かせるわけにはいかない。そこで翌年、高麗は国王の代わりに王族の新安公《シナン》・佺《ジョン》をモンゴルに送った。

佺は一年後、江都にもどってきた。このときモンゴルは四点を要求していた。

◇

一、島にいる者は陸に出ること
二、戸口を調査して報告すること
三、人質を送ること
四、反蒙行為のあった者は処罰すること

◇

人質の要求に対して、高麗は翌年（一二四一）、佺の従兄の永寧《ヨンニョン》公・綧《ジュン》を国王の子としてモンゴルに送った。

ところがその後（一二四七）、第三代モンゴル皇帝、定宗グユク（オゴタイの子）が第四次高麗侵攻を命じた。

モンケの高麗侵攻

そしてその後（一二五一）、第四代モンゴル皇帝憲宗モンケ（フビライの兄）が、高麗国王に対して、江華島から出てモンゴルの使者を出迎えるよう要求した。

しかし高麗の実力者、崔沆《チェハン》は、国王高宗が島から出ることに断固、反対した。

そこで高麗政府は、かつてモンゴルに行ったことのある新安公・佺を島から出し、モンゴルの使者を迎えさせることにした。

ところが、国王の出迎えがないことを知ったモンゴルの使者は激怒し、そのままモンゴルに帰ってしまった。

そしてその二年後（一二五三）モンケは第五次の高麗侵攻を命じたのである。

ここにきて高麗王朝の内部から、国王が島を出てモンゴルの使者に会うしかない、という声が出てきた。

そして高麗国王・高宗は江華島を出て、モンゴル陣営におもむき、モンゴルの使者に会ったのである。

さらにその後、モンゴル皇帝モンケは高宗に対し、皇太子の入朝を求めてきた。

しかし高宗としては、皇太子をモンゴルに行かせるわけにはいかない。そこで第二王子の安慶公《アンキョン》・淐《チャン》をモンゴルに送った。

ところがその翌年（一二五四）モンケは第六次の高麗侵攻を命じた。

高麗の入朝と高宗崩御

たび重なるモンゴルの侵略・攻撃に苦しんだ高麗国王は一二五九年、ついに皇太子をモンゴルに入朝させることにした。

そしてこの年の四月、皇太子倎《チョン》（のちの元宗《ウォンジョン》）は従者四十人とともに江華島を発ち、モンゴルへ向かった。このとき国王高宗は重い病の床にいた。

その後モンゴルは重病の高宗に対し、江都の城壁を破壊せよと命じた。この直後、高宗は死亡した。六十八歳だった。遺骸は江華島に葬られた。

一年後（一二六〇年）皇太子倎はモンゴルから帰国し、高麗国王に就任した。元宗である。そして、高麗王国はついにモンゴルに降伏した。

フビライ皇帝の即位

モンケ急死によるフビライ即位

モンゴル第四代皇帝モンケは一二五九年八月、南宋に遠征中の四川省で疫病（コレラか）のため急死した。

そこで次弟のフビライは翌年、開平でクリルタイ（族長会議）を開き、ハーンの位についた。フビライには有力な支持者が多く、彼らは強大な軍事力を有していた。

ところが末弟のアリクブカもフビライに対抗して、首都のカラコルムでクリルタイを開き、ハーン位についた。モンゴルには末子相続の伝統があり、モンケの葬儀もアリクブカが取り仕切った。

そしてフビライとアリクブカの兄弟は帝位継承をめぐって争い、戦った。しかし四年後アリクブカが敗れ、フビライに降伏した。

そこで一二六四年フビライはモンゴル帝国の大ハーンに即位し、第五代皇帝となった。五十歳になっていた。

そしてフビライは東方アジアに基盤をおくことを決め、新しい首都の建設を命じた。その命令により、何もないところに長年かけて計画的に造りあげたのが大都（北京）である。

元宗とフビライの再会

ところで、フビライの大ハーン位就任を祝う大祝典が挙行されることになり、高麗国王にも、参列するよう要請があった。

高麗王朝の諸大臣のあいだで激論が交わされた。

国王がモンゴルに行くのは屈辱だという反対意見がつよかったが、宰相の李蔵用《イジャンヨン》が行くべきだといったので、国王元宗はモンゴル行きを決断した。

そして八月、元宗は李蔵用たちとともに江華島を発ち、大都についてフビライに会った。四年ぶりの再会だった。

フビライは非常によろこび、元宗を手厚くもてなした。そしてこれ以後、モンゴルはしばらく高麗に侵攻しなかった。

フビライの詔書

元宗が高麗に帰ったあとフビライから詔書がとどいた。それには、

一、農桑をすすめ、賤民を救うこと

一、モンゴル軍は引きあげる

一、高麗の捕虜は送還する

◇

（参考文献⑥）　※参考文献一覧は巻末192ページ

とあった。

◇

これまでになく寛大な内容だった。国王元宗はよろこび、感謝の返書を送った。

しばらくすると、ふたたびフビライから詔書がとどいた。

一、高麗の衣冠は本国の俗に従うべし

一、都を京（開京）にもどす件は、力をはかっておこなうべし

一、高麗に駐屯するモンゴル軍は秋までに撤退する

一、ダルガチは引きあげる

ダルガチというのは、モンゴルが占領地においた地方官（内政監察官）のことである。

◇

モンゴル皇帝フビライは約束どおり、モンゴル軍とダルガチを高麗から引きあげた。

使者、渡らず

高麗人による日蒙国交の助言

フビライが大ハーン位に就任した翌年（一二六五）、ある高麗人がフビライのところに来て、さかんに日本との交流、通商をすすめた。

「私の生まれた高麗は日本とはあまり離れていませんが、この日本国はことの外、富裕な国で金銀米穀はもちろんのこと、諸雑貨も実に豊かで、その上、国人の性質もいたって温良でありますから、交際しても損はありません。高麗国はつねに通商していますから、高麗人に案内させ、使者をお遣わしになってはどうでしょう。きっと朝貢

して参りますよ」(8)

これを聞いてフビライはよろこび、こういった。

「汝はよく気づいた。これは天が予に与えたものである。急いで使者を遣わし、高麗を案内として日本を服従させるであろう。これまで父祖の業を継いで国を開き、土地を広めたが、皆、天運に当たっている。今また日本を属国としてわが国に従わせるようになったなら、これこそまったく皇化の光輝である。昔も中華と日本とは常に親交をしたのであるから、これまで永いあいだ、絶えていた国交をわが世になって復興するというのは、実に後世に残す美挙である」(21)

黒的、殷弘の派遣と二通の詔書

そして次の年(一二六六)十一月、モンゴルからふたりの使者が高麗にやってきた。兵部侍郎(陸軍次官)の黒的《こくてき》と礼部侍郎《れいほうじろう》(外務次官)の殷弘《いんこう》である。

ふたりは世祖フビライの二通の詔書をたずさえていた。一通は高麗国王にあてたもので、もう一通は日本国王（天皇）にあてたものだった。

高麗国王にあてたものには、つぎのように書いてあった。

「なんじの隣国の日本は文化も政治も見るべきものがあるということである。それゆえ黒的らを派遣して通和しようと思うから、この使者を日本へ案内し、東方を順化せしめよ。これはなんじの責任として遂行すべきであり、言いのがれは認めない」①
黒的らを日本へ道案内せよ、と命じていた。

高麗王朝は緊張した。この使節派遣の結果しだいでは、モンゴルと日本の戦争が勃発するかもしれない。そうなると、高麗も否応なく戦争にまき込まれる。

高麗国王元宗はしばらく考えた末、黒的らをよび、こういった。

「王命の趣は逐一、承知つかまつりました。しかし、彼の日本に渡海するということは、はなはだ容易なことではありません。海路はさほど遠くはありませんが、何しろ風はげしく、浪荒くて舟のてんぷくする患がないでもありません。まあ試みに海上の

様子を御見聞あられよ」(21)

李蔵用の策謀

そして元宗は家臣の李蔵用、宋君斐《ソンクンビ》をよび、自分の意中をいいふくめた。

その後、高麗は宋君斐、金賛《キムチャン》らを案内役に決めた。

そして十一月の末、使節団一行は江都を発ち、日本へ向かった。

ところが、一行は半島南端の巨済島《コジェド》まで行き、翌年(一二六七)一月、そこから江華島に引き返してきた。

これは元宗の意をうけた高麗の宰相・李蔵用の策謀だった。李蔵用は黒的に何度も手紙を書き、日本に行くべきでないことを熱心に説いた。

実は黒的も内心気がすすまなかった。

そこで、海が荒れていたため対馬に渡れなかった、ということにしたのである。

高麗は、使節派遣が成功しなかった場合のモンゴルと日本の戦争を心配していたのである。

フビライ激怒

宋君斐、大都で釈明

江都にもどった黒的、殷弘、宋君斐たちは、ただちに大都に向かった。そしてフビライに釈明した。

最初に高麗の宋君斐がフビライにこう報告した。

「私も御両使とともに松辺浦《ソンピョンポ》(巨済島)に参り海上の様子を見ましたところ、とても大切な御上使をおつれして航海することは危険だと思いましたので、ともどもここに参上しましたわけでございます。なおかつ日本国は風俗はなはだ悪く、人民は礼法を知らず、義理人情をわきまえぬまったく近づき難い国でございます。だからわが国も、日本とは通商はいたしておりません。ただ対馬の者が危険を冒して貿易のために金州へ来航する程度でございます。あの荒海を冒して無事、日本へ着きましてもよいことがありましょうか。私はむしろ日本との通商などお取りやめになられたほうがお国のためかと存じます」⑧

フビライの糾弾

フビライは激怒した。その後、黒的と殷弘がふたたびフビライの詔書をもって高麗の江都にやってきた（八月）。

フビライは高麗をはげしく責めるとともに、こんどは高麗の責任で使者を日本に派遣してモンゴルの国書を渡せ、と命じた。

「使者を遣わし、日本に案内するよう命じたのに、言を左右にして通好を妨げるようなことをした。察するに近来ひそかに汝の国が日本と交易していることが露見するのを恐れているのであろう。風波の難にことよせ、わが命に従わずば覚悟するがよい」⑧

元宗の苦悩と本心

フビライの怒りを知った高麗国王・元宗はこまった。なんとか怒りを解いてもらわなければならない。

そこで元宗は、黒的に向かって、ただちに日本に使者を派遣する、と明言した。

「大帝に対して不忠の心があって言辞を曲げたのではない。どうして勅命に背きましょうや。海上の事に熟達した潘阜と書状官・李挺《イジョン》にモンゴル国書とわが書簡を持参させ、方物も持たせ、日本を説得しましょう。この旨、大帝に奏上して怒りをやわらげてくれるように」⑧

そして元宗は次のような書状を黒的にもたせフビライにとどけさせた。しかし本心は使者の派遣をやめてほしかったのだ。

「今、聖上（フビライ）には上《かみ》に在って仁徳を天下に垂れておられるので、何国といえども臣礼を以て仕え奉らぬ国はほとんどございません。まして日本のごときはまったく粟粒ほどの小夷《えびす》でございますから、何で従わないことがございましょうか。国書を下さる事ははなはだよろしくありません。昔、隋《ずい》の世にも、日本は『日出ずる処の天子、書を日没する処の天子に致す』、としたためて煬帝《ようだい》に書状を送ったこともあって、独立の天子と自尊して、実に驕慢な国風でございます。万一、国書を下されて無礼不敵な返事を致すときには、その驕慢をとがめなければなりません。もしこれをとがめようとすれば、風波の難が横たわって渡海も意のままにならず、軍師を起こしても万全の地ではございません。とにかく大王のために計ると、害多く益少ないことでございますれば、何とぞこの儀、御叡慮あそばせ」(21)

使者、潘阜

潘阜一行、大宰府へ

結局、九月、潘阜はフビライと元宗の二通の国書をたずさえて日本へ旅立った。十二月、潘阜一行は対馬に上陸して対馬の守護代・宗助国《そうすけくに》に会った。そして宗氏の了解を得て、一行は太宰府へ向かった。

年が明け(一二六八、文永五年)元旦、潘阜たちは博多に上陸した。そして、鎮西奉行で大宰府の最高責任者、少弐資能に会った。

当時、大宰府政庁は機能しておらず、長官の「帥《そつ》」も次官の「大弐《だいに》」もいなかった。幕府の鎮西奉行が「少弐」の官職を兼ね、九州を統治していたのである。

鎮西奉行、少弐資能の本名は武藤資能であるが、武藤氏は代々「少弐」の官職を兼ねたので、少弐氏とよばれるようになった。

潘阜の要請と緊張する少弐資能

潘阜はモンゴル皇帝フビライの国書と高麗国王元宗の添状を、方物（土産物）とともに少弐資能に差し出した。

そして潘阜は、中央への取りなしを資能に頼んだ。

「モンゴル王は寛大で仁慈の心が深いから、諸国はみな大帝になつき、従っている。日本と中国はむかし通商をむすんだ国であったが、近年はそれも絶えているので、むかしの好を思いおこし親睦をはかってもらいたい。そのため皇帝の国書を持参してきた。高麗国王の添状もあるので、日本国王（天皇）に奏上してほしい。そして通好親睦の許可あるよう取りなしてもらいたい」

鎮西奉行・少弐資能はおどろき、緊張した。そして、潘阜らを博多にとどめおき、ただちに急便を鎌倉に向かわせた。

こうして二通の国書は鎌倉幕府の手にわたったのである。

第二章

日本、拒絶

元の要求を拒絶する北条時宗（矢田一嘯作『元寇』より 鎮西身延山本佛寺蔵 うきは市教育委員会提供）

服属せよ

幕府と朝廷の協議

このとき、幕府の執権は北条政村、連署が北条時宗だった。

幕府は評定衆をあつめた。当時、評定衆は幕府の最高機関で、定員は十一人だったが、これに執権と連署が加わって、十三人で協議することになっていた。

そして一ヵ月後（二月のはじめ）、幕府はこれを京都におくり、六波羅探題を通して朝廷に奏上した。

このとき天皇は亀山天皇だったが、朝廷の実権は父親の後嵯峨上皇がにぎっていた（後嵯峨院政）。

院でも連日、評定が開かれ、審議がおこなわれた。議題は返事を渡すか、渡さないかだった。

無礼千万モンゴル国書

朝廷も幕府も怒っていた。モンゴルの国書はこういう内容だったのだ。

「大モンゴル国皇帝が書を日本国王に奉る。朕が思うに、昔より小国の君主であっても領土が隣りあっていれば、信頼と親睦の関係の維持に努めてきた。わが祖宗が中華の地をことごとく我がものとしたので、その威をおそれ、徳になつく遠方異域の者は数えきれないほどである。朕が即位の当初、高麗の罪なき民が長年にわたる戦争に疲れ果てているのを見て、ただちに軍事行動を停止し、高麗の領土を返し老人や小児を帰宅させた。高麗の君臣は感激して来朝した。両国の関係は義としては君臣であるが、歓《よろこ》ばしさは父子のようであった。おそらくは（日本の）王の君臣もすでにこのことを知っているであろう。高麗は朕の東藩である。日本は高麗ときわめて近く、開国以来、ときどきは中国とも通交があった。ところが朕の治世にいたって、和好を通ずる一介の使者さえもやって来ない。おそらくは、王の国が右のことをくわしく知らないからであろう。故にとくに使者を遣わして朕の意志を布告するのである。願わくばこれより以降、正式の交わりを結んでたがいに親睦しようではないか。

誰がすき好んで軍事力を用いるであろうか。

王は以上のことをよく考えよ」⒀

武力をちらつかせながら日本に服属、臣従を強要する、傲慢で無礼な内容だった。

当然、朝廷も幕府も怒った。

日本、拒絶

憂慮の高麗国書

いっぽう高麗国王の国書は、なんとかモンゴルの要求を受け入れてほしい、という内容だった。

日本が受け入れると、戦争にならない。従って高麗も大きな負担や犠牲を負わなくてすむからだ。

「わが高麗国はモンゴル国に臣礼することすでに数年を経た。モンゴル王は仁慈宏大で天下を以て一家と考え、避難の国々も皆、その徳化に浴している。ところがこのたび、モンゴル王は貴国と親しく好《よしみ》を結び隣好の礼を修めようと欲している。よってわが国に命じて、案内をいたせと使者を送られることたびたびに及んだ。そのつど、わが国はいろいろ言辞を尽くしてこれを思いとどまらせようとはかったが、モンゴル王はなかなか聞き入れがなく、貴国への案内をきびしく申しつけられたので、わが家臣、潘阜にモンゴル王の書状をもたせて遣わしたのである。モンゴル王はもとより貢《く》物《もつ》をむさぼり利徳を欲するためではなく、ただ遠境の貴国まで好を通じ契を結んで、四海の国々で手の及ばぬ所は一国もないほどに王化の行きわたった聖帝と世に仰がれんがためである。もし貴国がモンゴルに修好を許したまわば、モンゴルは貴国を厚く歓待するであろう。こころみに一度、使者を遣わし、その実情を見られては如何。貴国においてよくよくお考えあれ」（⑧）

時宗の決断、「返信拒否」

日本はどう対応すべきか、決断を迫られた。

このときの幕府は、執権が六十四歳の北条政村、補佐役の連署は十八歳の北条時宗だった。

幕府は評定衆を集め、この問題についての態度を決めていた。それは、モンゴルの要求は拒絶する、返事もしない、ということだった。

朝廷で院の評定が開かれているときも、幕府はこの意向を申し入れていた。

結局、朝廷も

「無礼なるにより、返牒《へんちょう》におよばぬ」

と、返信拒否を決めた。

潘阜を追い返す

国防強化と執権の交代

この直後、幕府は西国の守護たちに御教書《みぎょうしょ》を発し、モンゴルの侵攻に備えるよう命じた。

◇

モンゴル人、凶心を挿み本朝を伺うべきの由、近日、牒使を進むるところなり。早く用心せしむべきの旨を讃岐国の御家人等に相触れらるべきの状、仰せに依りて執達、件の如し。

文永五年（一二六八）二月二十七日

相模守（時宗）
左京権大夫（政村）
讃岐守護殿（北条有時）

◇

そして、この直後の三月五日、幕府は高齢の北条政村に代えて十八歳の北条時宗を執権とした。政村は、時宗を補佐する連署に任命された。執権と連署を入れ替えたのだ。

こうして日本の運命は十八歳の北条時宗の手ににぎられることになったのである。

潘阜の帰国とフビライへの陳謝

このあと幕府の使者が博多にやって来て、モンゴルの使者を追い返すよう、鎮西奉行の少弐資能に命じた。

そこで少弐資能は潘阜を呼び出し、

「無礼の書辞なので返書は出さない。至急、本国へ帰られよ」

と申し渡したのである。

潘阜たちはもちろん不服だったが、だまって帰国するしかなかった。

高麗国王元宗はもどってきた潘阜をただちにモンゴルに行かせた。フビライに報告、陳謝させるためだ。

そこで七月、潘阜は江都を発ってモンゴルの国都（大都）に行き、フビライに会った。そして事のてんまつを報告し、陳謝した。


「この春、大帝の厳命をうけ、聖旨を奉じて日本へ渡海いたしました。わが国王よりの書状も添え、その上、国産の土産物も持参いたし、いろいろ手を尽くし説得しましたが、なかなか承知せず、大宰府というかの国の西辺から一歩も中へは入れず、その応対も不遜を極めたものでございました。そこで私は、このたびの使いは大帝よりの正使であるからこんな粗略な待遇は許されぬと申しましたが、大宰府から追い立てられて参ったわけでございます。わが国王も、使命をまっとうできなかったことを深く心配され、今般、私を使いとして寄こしたのです。何とぞ大宰の御仁慈により、わが国の罪をお許し下さるようお願いいたします」⑧

軍船を造れ

フビライ、李蔵用に戦争準備を命ず

実はこのとき、フビライは戦争準備を高麗に命じていた。

この年（一二六八）三月、フビライは高麗の宰相、李蔵用をよびつけた。潘阜がまだ日本にいるころだ。

李蔵用は五月、江都を発ち、大都（北京）でフビライに会った。

このとき、フビライは李蔵用にこう命じた。

「高麗には五万の軍があるというが、一万を国に残し、四万を出して助戦せよ。どこに出兵するか疑うであろう。あるいは南宋を討つかも知れん。あるいは日本を討つかも知れん。船一千艘を造れ。その一千艘は大海を渡ることができ、三千石か四千石を積めるものであり、堅好なものでなければならん。数や形だけそろえても、古いものや小さくて朽ちやすいものがあってはならぬ」④

軍人四万の供出と、船一千艘の建造を命じたのだ。

李蔵用は江都にもどった。そして高麗は、八月からさっそく船の建造に着手した。

それから二ヵ月後、フビライは高麗に視察官を派遣し、軍人の徴発と船の建造の進捗状況を調べさせた。

黒的、殷弘の再派遣

いっぽう、フビライは、ふたたび黒的と殷弘を呼んだ。そして、こんどこそ日本に渡って国書を伝達せよ、と命じた。前回、ふたりは対馬を前にして引き返してきたからだ。

そして十一月、黒的と殷弘はまたまた高麗にやってきた。

今回、高麗に対するフビライの命令は、言い訳を許さぬきびしいものだった。

「先になんじらは、風濤険阻《ふうとうけんそ》なる故、日本へ渡りえずと述べたが、いま潘阜は、ともかくも往復したではないか。なんじらの言辞がこのように信じ得ざるものである以上、潘阜の復命もそのまま承認しがたい。よって黒的、殷弘を日本へ派遣するので、かな

らず重臣をして案内の任務を遂行させよ」（①）

そこで高麗は黒的、殷弘の案内役として、政府高官の申思佺《シンサジョン》、陳子厚《チンジャフ》、そしてまた潘阜を任命した。

そして十二月四日、黒的一行七十余名は江都を出発し、その後、合浦から日本へ向け出航した。

対馬島民を拉致

宗助国の対応と使節団のケンカ沙汰

年が明け（一二六九、文永六年）一月、使節団一行は対馬の国府（厳原《いづはら》）についた。

対馬の守護代、宗助国が渡来の目的をたずねると、黒的はこう答えた。

「去年、差し出したわが国皇帝の国書の返事を聞くため、今度またやって来た。われわれを宮廷へ召すよう取り計らってもらいたい」

これに対して宗助国は、自分は朝廷と直接やり取りなどできないと断わった。しかし納得しない。その後、やれ、やれない、の言い争いとなった。

こうなると、黒的たちも対馬から先に行くことはできない。使節団は対馬から引きあげることになった。

このとき、使節団の従者たちと対馬島民のあいだでケンカ沙汰がおき、島民の塔二郎と弥二郎のふたりが船に連れこまれた。そして、ふたりを乗せたまま一行は帰っていったのである。

こうして三月、黒的たちは高麗に引き返し、江都にもどって来た。前回は対馬の手前で引き返し、こんどは対馬まで行って引き返してきた。

その後、黒的たちは、対馬の塔二郎と弥二郎を連れてモンゴルへ行った。

拉致島民、フビライに謁見する

フビライは、日本人を連れてきたことを非常によろこんだ。そしてフビライは、日本の天皇や将軍のこと、各地の港や海岸のことなどをくわしくふたりに聞いた。

しばらくして、フビライはふたりの日本人にこう言った。

「お前たちの本国、日本は、むかし中国と親しみ、朝貢していた。しかし、その後、久しく絶えていたのを、わが世になって古例に復し修好をしたいと望んでいる。わしは、お前たちのような心ない賤民を召し捕って難儀をさせるのは本意ではない。わしは即位したときから治国平天下を声明し、ひたすらにそれに心を労してきた。そして、わしの仁政に服従しない国は一国もない。今や瀕死の宋国を滅ぼせば、四百余州はまったく統一されるわけだ。なんと愉快なことではないか」⑧

その後、フビライは、大都の宮殿や諸城などをふたりに見物させた。

ふたたび追い返す

ウルダイの上陸と国書進呈

この直後、世祖フビライは次の使者を派遣することにした。

そして七月、モンゴルの使者ウルダイはふたりの日本人とともに高麗にやってきた。

もちろん、日本国王への国書を携えていた。

高麗は、ウルダイの案内役として金有成《キムユソン》、高柔《コユ》らを任命し、高麗国王の国書も持たせた。

九月十七日、使節団一行六十余人は対馬の伊奈浦についた。そして、塔二郎と弥二郎はそれぞれのふるさとにもどった。

その後一行は筑紫の浦から上陸して博多の町に入り、鎮西奉行・少弐資能に会った。

そしてモンゴルと高麗の国書を差し出した。

国書は、前回と同じように鎌倉を通して京都の朝廷に送られた。

朝議による菅原長成の国書起草

朝廷では朝議の結果、こんどははっきり要求を拒絶する返事を書いて与えた方がいい、ということになった。

そこで朝廷は、文章博士の菅原長成《すがわらのながなり》に返事の起草を命じた。起草文はこういう内容だった。

「往時わが国と中国とは親交を修めたが、モンゴルというのは古《いにしえ》より未開不通の国である。しかるに貴国の国書によると、通好を強要し、兵を用いないとも限らぬという実におだやかでない言辞があるが、これは如何なるわけであるか。由来わが国は神皇正統の神国で神威《しんい》の加護により、建国以来一度も国辱をうけたことがない。よって国土をもってながく神国と称し、決して知力で競うことはできず、また武力をもって争うこともできない。貴国において、よくよくこの事を御賢察あられよ」

天照大神《あまてらすおおみかみ》以来、日本は神国だから、威嚇には屈しないという意味である。

幕府の返書拒否と東厳の悲憤

ところが朝廷からこれを受けとった幕府は、前回同様、返書を与える必要はないという判断を下し、結局、朝廷の返書をにぎりつぶした。

そしてモンゴル使たちを、ふたたび博多から追い返したのである。

ところでそのころ、京都ではまたまたモンゴルの国書がとどいたことで騒然となり、こんどはモンゴルの要求をうけ入れるらしい、というウワサが立った。

これに悲憤慷慨《こうがい》したのが正伝寺の僧・東巌《とうがん》（慧安《えあん》）である。

東巌は翌年（一二七〇、文永七）のはじめ、石清水八幡《いわしみずはちまん》で二ヵ月間、敵国降伏を祈願した。

その祈願文の最後に、東巌は次のような和歌を書いた。

末の世の末の末までわが国は
　よろずの国にすぐれたる国

国王廃立事件

林衍の元宗廃立と出兵要請

ところがフビライの日本遠征計画に水をさす大事件が高麗で勃発した。国王廃立事件と三別抄の乱である。

一二六九年六月、高麗の権力者、林衍《イムヨン》が国王元宗を廃し、元宗の弟、安慶公・淐を国王にしたのだ。

実は元宗が、度を超した林衍の悪政、暴政を見て、林衍を排除しようとしたからだ。

このとき、元宗の世子・諶《シム》はモンゴルに入朝していた。帰国の途中、この国王廃立事件を知った世子は帰国をやめ、大都に引き返した。

世子はフビライに会い、林衍を討ってほしい、と高麗への出兵を要請した。

モンゴルの戸部尚書（大蔵大臣）馬亨《ばこう》も、こういって出兵を支持した。

「高麗は来朝してはいるが、江華島にこもって出陸しない。この心は信用しがたい。放っておくと兵をあつめ、糧を積み、手におえなくなる危険がある。今のうちに、日本を取るという名目で軍隊を高麗に入れ、ここを占領してモンゴルの郡県にするのがよい。これがまた、宋および日本を制する道でもある」（④）

そこでモンゴル皇帝フビライは、三千の兵士に出兵を命じた。

フビライの出頭命令、元宗の復位

いっぽうフビライは、江都に使者をおくり林衍を責めた。

「国王元宗は位を継いで以来、未だ過失あるを聞かず。いやしくも過失ありて諫するも改めざれば、まさにわが朝廷に控告し、以てわが区処を聞くべし。朝廷に告げずして、臣下がほしいままに国王を廃置するは、恒古より以来なんぞ理あらん」

高麗国王の廃立はモンゴル皇帝が決める、といっているのだ。

フビライの怒りを知った林衍は九月、使者・金方慶《キムバンギョン》をモンゴルに送った。そして、元宗が病気になったので弟の淐に譲位したのです、と釈明させた。

しかし、フビライは信用しなかった。フビライは金方慶に向かって、元宗と淐、それに林衍の三名を大都に出頭させよ、と命じた。

これを聞いた林衍は怖くなり、あわてて淐を降ろし、元宗を国王にもどした。

なお淐と林衍はフビライの出頭命令に応じなかった。そこで十二月、元宗だけが宰相の李蔵用とともにモンゴルへ向かった。

第三章
趙良弼の使行

蒙古國牒状
上天眷命
大蒙古國皇帝奉書
日本國王朕惟自古小國之君
境土相接尚務講信修睦況我
祖宗受天明命奄有區夏遐方異
域畏威懷德者不可悉數朕即
位之初以高麗無辜之民久瘁
鋒鏑即令罷兵還其疆域反其
旄倪高麗君臣感戴來朝義雖
君臣歡若父子計
王之君臣亦已知之高麗朕之
東藩也日本密邇高麗開國以
來亦時通中國至於朕躬而無
一乘之使以通和好尚恐
王國知之未審故特遣使持書
布告朕志冀自今以往通問結
好以相親睦且聖人以四海為
家不相通好豈一家之理哉至
用兵夫孰所好
王其圖之不宣
至元三年八月　日

蒙古國牒状（東大寺宗性筆 写しより 東大寺所蔵）

三別抄の乱

元宗の要請と開京遷都

翌年（一二七〇）一月、元宗は大都（北京）についた。

このときフビライは、高麗の西北部一帯をモンゴルの版図に編入すると発表した。

元宗は世子、諶や宰相李蔵用とこの件で話しあったが、どうしようもなかった。

元宗は二月のはじめ、フビライに会った。そしてふたつのことを要請した。

◇

一、フビライの皇女を世子・諶の嫁にほしい

二、モンゴルの援軍で林衍を倒したい

◇

このとき元宗は、都を江都から旧京《クキョン》（開京）に遷都する、とフビライに約束した。

元宗はこのあと、高麗西北部の還付を願い出たが、これは聞き入れられなかった。

しばらくして、元宗は世子とともに帰国の途についた。モンゴルの大軍が父子を護衛した。

そして五月、元宗父子はもとの都、開京についた。江都の大臣や延臣たちも、江華島を出て、開京で国王を出迎えた。

こうして高麗は三十八年ぶりに江都から開京に遷都したのである。

林衍急死、三別抄の解散拒否

江華島の権力者、林衍は反国王、反モンゴルのかたまり、もちろん遷都には絶対反対だ。

ところが、その林衍が急死した。すると江都の精鋭軍、「三別抄」が、林衍の方針をうけつぐと発表した。

開京の元宗は五月末、その江華島に使者をおくり、三別抄の解散を命じた。

しかし、三別抄は命令を拒否した。そして、島から出ていった延臣の妻たちを捕え、反乱、蜂起したのである。

三別抄のリーダー裴仲孫《テジュンソン》が人々に呼びかけた。

「モンゴル兵が大挙して侵入し、高麗人民を殺戮する。国を救う志のある者は集合せよ」

承化侯・温の擁立と珍島移転

三別抄は、元宗のもうひとりの弟、承化侯《スンファ》・温《オン》を国王とし、新しい政府機関をおき、自分たちこそ正統な高麗国家だと主張した。

ただ、江華島は開京（開城）から近すぎる、危険だ。三別抄は江華島をはなれ、南の島、珍島《チンド》に新しい根拠地をつくることにした。

そして六月三日、三別抄の全員が一千艘の船に分乗し、公私の物品を積みこみ、江華島をはなれた。このとき、本土に出て行った官僚の妻子たちも、人質として連れて行った。

三別抄が去ったあと、二千のモンゴル兵が江華島にのりこみ、役所も民家もすべて焼き払った。

江華島に都がおかれて三十八年、いまやこの島は焦土と化した。

珍島から済州島へ

三別抄の隆盛

三別抄は、全羅道《チョルラド》の珍島に根拠地をうつした。城（龍蔵城《ヨンジャンソン》）もつくった。

三別抄は珍島だけでなく、全羅道全域を制圧した。全羅道は、高麗の重要な穀倉地帯である。住民の支持もあった。

そして十一月、三別抄は、珍島の数倍も大きい耽羅《タムナ》（済州島）を攻略した。政府の守備隊を破って耽羅城を陥落させたのだ。

その後モンゴルと高麗の連合軍千五百が三別抄の討伐に向かったが、まともに戦うことなく逃げ帰ってきた。連合軍は三別抄を攻めあぐんでいた。

年があけ（一二七一年）、三別抄の勢いはますます強大になり、全羅道から慶尚道に勢力を拡大していった。

三月になると、援軍を増やしてほしい、と元宗がフビライに陳情書を書いた。

「いま逆賊、日にますます蔓衍し、侵して慶尚道、金州、密城《ミソン》におよぶ。加うるに、また南海《ナムヘ》、巨済、合浦《ハッポ》のところを掠取し、浜海の部落に至るまで、ことごとくみな強奪す」

ところがその後、形勢が逆転した。

連合軍の反撃と済州島移転

五日、モンゴルと高麗の連合軍が珍島に総攻撃をかけた。モンゴル軍は忻都《きんと》と洪茶《こうさ》丘《きゅう》が、高麗軍は金方慶がひきいた。

洪茶丘は高麗人でありながら、なぜか高麗をにくみ、モンゴルのフビライに忠誠をつくしていた。

ところでこの総攻撃で、日本侵攻にそなえて大量に製造していた鉄炮が、絶大な威力を発揮した。

戦いの結果、三別抄の王となっていた承化候・温は殺され、首領の斐仲孫も死んだ。生き残った三別抄の兵士たちは、金通精《キムトンジョン》を中心に珍島から耽羅（済州島）にうつり、ここを新しい根拠地とした。

実はそのころ、三別抄から日本に救援依頼の書状がとどいていた。

日本の無視と元の決意

この年（一二七二）の九月、日本にとどいた三別抄の書状には、近いうちにモンゴル軍が日本に侵攻するであろう、と書いてあった。そして、自分たちのところに食糧と援軍を送ってほしい、とあった。

日本側としては、不審な点が多いという理由で、朝廷も幕府もこれを無視した。

だが、それから一年以上、三別抄の活動はつづいた。

そして一二七三年一月、三別抄は船十隻で全羅南道の楽安郡《ナガン》を襲撃した。さらに近くの合浦を襲い、多くの敵船を焼き払った。

三別抄は、何とかして穀倉地帯の全羅道を支配下に入れようとしていた。

これに対して元のフビライは（フビライは一二七一年、国名を大元と号した）将軍たちを大都に集め、日本を征服する前にまず三別抄を討伐する、と宣言した。

三別抄の最期

そして二月、元と高麗の連合軍二万二千が済州島へ向けて進撃を開始した。こんども元軍は忻都と洪茶丘が、高麗軍は金方慶がひきいた。

四月、連合軍は総攻撃をかけ、耽羅城（済州城）に攻めこんだ。激戦ののち城は落ちた。このときも元軍は大量の鉄炮を使った。

首領の金通精は自殺し、ほとんどの者も玉砕した。こうして、三年間に及ぶ三別抄の乱はおわった。

このあと、フビライは済州島を元の直轄領に編入した。先の高麗北部につづき、フビライは今また南部の済州島を手に入れたのである。

高麗の使者

趙良弼の懇願と派遣

実は三別抄の乱が勃発したとき、フビライはふたたび日本に使者を派遣することにした。

このとき、フビライに仕えていた女真人の趙良弼《ちょうりょうひつ》が、高齢にもかかわらず、使者になりたいと申し出た。

フビライは、年老いた趙が遠い日本に行くことを許さなかった。

しかし、趙良弼はフビライに懇願した。

「小臣は金の国（女真人の国）に一命を捧げて仕えたが、聖帝の御仁慈によってふたたびモンゴルに仕えるようになりました。すでに無い命を永らえたのでございますから、たとえ異境の地に屍《しかばね》をさらすような事がございましても、何のうらみがございましょうか。ついては小臣、日本との通好の事はかならず達成させる所存でございますれば、何とぞ使者として御遣わし下さいますよう、ひとえにお願い申し上げます」㉑

フビライは、趙良弼を使者に任命した。

翌年（一二七一）一月、趙良弼は書状官二十四人をひきつれて高麗の都、開京にやってきた。そして、フビライの命令を高麗国王、元宗に伝えた。

「前回の如く、日本へ案内せよ。正使が帰り着くまで、金州の内に陣営を設けて待たせることにしたから、その軍勢のための兵糧などを十分に手当てするように。また船舶も堅固なものを選んで、疎略のないように心を用いて取り計らえ」

国王は家臣の徐称《ソチン》と金貯《クムチョ》を案内役に決めた。

ところがこのとき、高麗南部は三別抄が制圧していたので、趙良弼たちもすぐには日本に渡れなかった。

その後五月、三別抄軍が大敗して珍島が陥落したので、使者たちも海を渡ることが出来るようになった。

しかし高麗としては、趙良弼より先に高麗独自の使者を日本に送る必要があった。過去二回、大宰府でモンゴルの国書を日本側に渡したが、いずれも返書も受けとらずに追い返された。

高麗の先回りと説得失敗

こんど趙良弼の派遣が失敗したら、フビライはまちがいなく日本遠征を断行する。

すると、高麗の負担、犠牲は甚大なものになる。

だからフビライの遠征をやめさせるためには、趙良弼より先に高麗の使者を日本に派遣して、フビライの要求を受け入れるよう、日本を説得する必要があったのだ。

そこで八月（一二七一、文永八年）、高麗の使者が大宰府にやってきて、高麗国王の国書を差し出した。

その国書は、いつものように鎌倉（幕府）から京都（朝廷）へ送られた。

それには、日本がフビライの要求を拒否するとフビライは日本を侵略、攻撃するだろう、と書いてあった。

幕府は、もちろん拒否する。そして、九州の防衛力を強化するため、九州に所領を持つ東国在住の御家人に対して、ただちに下向せよ、と命じた。

◇

次は、幕府が武蔵国の御家人にあてた御教書である。

モンゴル人襲来すべきの由、その聞こえあるの間、御家人等を鎮西に下し遣わすところなり。

早速、自身、肥後国の所領に下向し、守護人に相伴い、且つは異国の防禦を致さしめ、且つは領内の悪党を鎮むべし。

文永八年九月十三日　　相模守（時宗）

左京権大夫（政村）

◇

悪党とは、幕府に服さず、各地で暴れまわっている武士たちのことである。幕府は悪党に手を焼いていた。

趙良弼の使行

趙良弼の談判

趙良弼一行が高麗の金州を出港したのは九月六日だった。

そして九月十九日、一行百名は博多湾の今津から上陸した。

鎮西奉行の少弐資能が、何のために来たのかとたずねると、趙良弼は、フビライの国書を直接、天皇か将軍に渡したい、とこういった。

「ここに持参した唐櫃《からびつ》の中にはわが大帝から貴国王（天皇）に奉る国書が入っている。これまで再々、使者を本国から立てたが一言半句の返事も得られなかったので、わが大帝は深く憤られている。よって、このたびそれがしは、京都にこれを持参し、直々に国王に捧呈しようと思う。もし、その儀かなわぬときは、鎌倉に参上して将軍に渡し、かならず天皇に達してもらいたい。そのときまで、この唐櫃は絶対に開くことはならぬと、わが大帝より命じられている。だから何とぞ都に上る御先導を願いたい。もし京都にも鎌倉にも参ることが出来ぬとあらば、わが国でもきっと覚悟があるはずです。貴国の運命も今後どうなるか分かりません。数千万人の生命のため、深くお考えください」⑧

少弐資能、写しを受け取る

少弐資能としては、そんなことを認める訳にはいかない。趙良弼に向かってこう答えた。

「わが国の規律では、異国の人を京都に入れることはできない。よってまず、貴国の書状を渡し、将軍家の命令を待たれるのがよろしかろう」

趙良弼はこまった。天皇にも将軍にも会えない。そうなると国書を渡せない。そこで趙は考えた。やむを得ない、国書の写しを書いて渡すことにした。

「それでは京都へ行くことはやめましょう。しかしわが大帝の厳命であるから、国書をここで渡すことはできない。写しならお渡ししてもよい」

写しを渡す

国書の内容変わらず

鎮西奉行・少弐資能は国書の写しを受けとり、それを開けた。これまでの国書と同じような内容だった。

「余の国と高麗国とは、すでに一家となっている。貴国とも近隣の間柄である。前回、使者を遣わして好を結ぶことを求めたのに、西国の下臣に妨げられて、その意を通ずることができなかった。また、対馬の島民ふたりを送り返したとき書状を添えておいたのに、それに対しても返事がなかった。日本はもとより礼儀を知る国と申すからには、故なき作法は絶対にないと固く信じている。このたび、趙良弼を正使として書状をもたせ遣わした。だからすぐに貴国も使者をたて、隣国の好を修められたら、まことに国家の美事である。もし怠って礼を失い、猶予して戦いを交えることになれば、誰がよろこぶだろうか。王、よく考えよ」

少弐資能はこれを読んだ。幕府の命令はわかり切っている。あちこちを調べられる前に早く追い返す方がいいと思った。

そこで資能は、家臣一同を前にこういった。

「前回同様またまた変らぬことを申すものかな。鎌倉へ差し出しても何でお許しがあろうぞ。こんどの使者、趙良弼という者は、きっと智勇、秀でた者に相違ない。鎌倉の往復に日時がかかる。その間に地理風俗をうかがい知り、民情の厚薄を察知したら、後日、戦に及んだとき、非常に利便をうけるであろう。すみやかに申し渡して、当地に滞留を許さぬことがよかろうと思うが如何」㉑

一同ももちろん賛成した。

少弐資能、趙良弼を追い返す

そこで少弐資能は趙良弼をよび出し、こう申し渡した。

「過日、差し出された国書の写しをそれがしが開封し読んだところ、前回同様な文面であった。そもそもこの修好のことについては、京・鎌倉では絶対に御許しにならないことに決まっているから、御返事もつかわさず、使者によくよく申しふくめて帰えした程である。だから貴殿が如何に言葉を巧みに利害をのべられても、絶対お聞き届けのないことは火を見るより明らかであります。とても修好など望みのないことであるから、早々に港から出帆なされるのが得策と思います」⑧

趙良弼はあきらめ、しぶしぶ帰って行った。

少弐資能は幕府に報告もせず、趙良弼を博多から追い返したのだ。

その後、資能は国書の写しを鎌倉に送った。

時宗、資能を褒める

執権北条時宗はこれを熟読し、怒りに燃えたが、資能の使いに向かってこういった。

「先般、渡来したモンゴルの使者を速やかに追い返したことは将軍も深く感賞あそばされている。われらもその所処に満足である。ついては今後もまた、いつ渡来して来るやも図られぬから、そのときは事の詳細を早馬をもって至急に注進するように。また幕府より申したき事もあるから、その使者は厳重にその地で守衛いたしておくこと。これは何も今般の大宰府の処置が悪かったということではない」

まず幕府に報告せよ、といっているのだ。

モンゴルの襲来が近いとみた執権・北条時宗は、九州各地の守護、御家人たちにこう命じた。

「モンゴルの軍船が襲来したならば、これを討ち取り、軍攻を立て、大いに忠勤を励むべし」

モンゴルの屯田兵

フビライの高麗叱責

フビライは、着々と日本遠征の準備をすすめていた。

一二七〇年十一月、フビライは日本遠征にそなえて、高麗に「屯田経略司」をおき、モンゴル兵六千人を駐屯させると発表した。

フビライはさらに、高麗が造船や徴兵の命令を無視していることを叱責し、国王にこう命じた。

「朕と卿《けい》はすでに一家となる。わが国家の力をかりて以て遠人を威す。これより以往、あるいは南宋、あるいは日本、もし事あらば、兵馬、戦艦、資粮はよろしく早く措置すべし」

三別抄との戦いの最中、フビライはこれだけの準備をしていたのだ。

ところが翌年（一二七一）一月、高麗国王・元宗はフビライのところに使いを送り、国内の困窮、疲弊のため、命令には応じられないと答えた。いっぽう元宗は、フビライの皇女を世子・諶の嫁にほしい、と願い出た。

◇

モンゴルの屯田要求

三月になると、モンゴルの屯田経略使として忻都が高麗にやってきた。持参したフビライの命令書には次のことが書かれていた。

一、屯田経略司を鳳州《ポンジュ》（黄海道《ファンハド》）におき、軍隊を屯田させる
二、必要な牛六千頭のうち三千頭を提供せよ
三、屯田に必要な農具、種子および秋までの軍人の糧食を供給せよ

命令をうけた高麗はやむをえず、農民から耕地だけでなく、農牛や農具なども取りあげ、屯田兵たちに提供した。

高麗は非常に苦しんでいた。

◇

世子・諶の結婚

そこで元宗は、ついに世子・諶を人質としてモンゴルに送ることにした。

そして六月、諶は貴族の子弟二十人とともに大都へ向かった。

しばらくして、フビライは、娘のクツルガイミシと諶の結婚をみとめると言った。

国王元宗をはじめ、高麗の廷臣たちは大変よろこんだ。これで、無茶な命令、要求はなくなるだろうと思った。

だが、高麗に対するフビライの命令・要求がゆるむことはなかった。

高麗の農民たちは疲弊きしっていた。屯田兵たちが所持している軍馬一万八千頭、農牛四千頭に必要なエサだけでも、一ヵ月六万石におよんだという。

十二人の日本人

張鐸と十二人の偽使

ところでフビライの使者、趙良弼が日本を去るとき、弥四郎をはじめ十二人の日本人をつれて帰った。鎮西奉行所と相談の上だったという説もある。

一二七二年一月、趙良弼は弥四郎たちをつれて高麗の都、開京にもどってきた。

趙良弼は使命を果たすことができなかったので、フビライに会わせる顔がない。高麗にとどまるほかなかった。

そこで趙は部下の張鐸《ちょうたく》に命じて、十二人の日本人をつれてフビライのもとへ行かせた。実はこの日本人たちを、日本国の正式の使者ということにしたのだ。

引見拒否と偽使の送還

二月、張鐸は大都につき、フビライに会った。そして今回の使行のいきさつを報告し、弥四郎たちを引見してほしいと願い出た。

だが、フビライの側近は、こういって反対した。

「かの日本は神国と自称し、国王は驕り誇っております。しかし小国の悲しさ、わが天兵に抗戦するだけの兵力がありません。それで恐怖の心が深くなり、わが国の強大な軍政の内情を探るために勇敢な士を派遣したと考えられます。いずれも容儀が普通ではなく、その骨格のたくましい様を見ても、紛れもなく間諜だと思われます。あんな匹夫らを宮廷へ召し入れることなどもっての外と存じます」⑧

フビライも、弥四郎たちを日本の使者とは思っていなかった。フビライはこういった。

「こんど参った日本西部の使者と申すのは、もちろん国王の正使とは考えられない。それなのに、自分に直接会いたいと申し出ることは、はなはだ不思議である」

フビライは弥四郎たちを引見せず、十二人を日本に送り返せ、と命じた。

そこで四月、張鐸は十二人の日本人をつれて高麗の開京にもどった。そして五月、弥四郎たちは九州の大宰府に到着した。

第四章
文永の役
（一二七四年）

元軍と戦う対馬守護代・宗助国の手勢（矢田一嘯作『元寇』より 鎮西身延山本佛寺蔵 うきは市教育委員会提供）

二月騒動

北条時輔と名越兄弟の謀殺

この年（一二七二、文永九）、日本国内で大きな動きがあった。

まず二月、北条一門の内部で「二月騒動」の大事件がおきた。

幕府の権力者、北条時宗と安達泰盛が、反抗的な北条時輔と名越《なごえ》兄弟を謀殺したのだ。

このとき得宗、北条時宗は執権、安達泰盛は時宗の義兄（妻の兄）で、時宗の後見役だった。

いっぽう北条時輔は時宗の異母兄で京都の六波羅探題に就任していた。

時輔は執権、北条時頼の長男だったから当然、将来は得宗、執権を継ぐものと思っていた。しかしそれが弟の時宗にうばわれたので、時宗に対しては複雑な思いがあり、しだいに反抗的になっていった。

また北条一門の名越家は得宗家に対して、前々からライバル意識がつよく、かつて名越光時のときも、執権、時頼とはげしく対立して滅ぼされた。

一二四六年、幕府に不満をもつ名越光時は、同じく幕府に解任されて不満をもつ前将軍、藤原頼経と謀って、執権、北条時頼を除こうとした。しかし、逆に光時は成敗され、頼経は京都に追放された。

二月騒動で時宗に殺された名越時章《ときあき》、教時《のりとき》兄弟は、この光時の弟だった。このとき時章は幕府の評定衆の主席だったが、やはり時宗には反抗的だった。そして北条時輔と名越兄弟は、ひじょうに親しい関係だった。

幕府の北条時宗、安達泰盛としては、このまま彼らを放っておく訳にはいかない。そして二月十一日、幕府はとつぜん、鎌倉で名越時章、教時をおそって謀殺し、ふたたび名越一族をほろぼした。

そして京都では二月十五日、北条時宗の命をうけた北条義宗（もうひとりの六波羅探題）が北条時輔を謀殺した。このとき時輔は二十五歳、時宗は二十二歳だった。

御家人の異国警固

幕府はこの事件のあと、モンゴルの襲来にそなえて異国警固の強化にのりだした。九州の御家人に対して、京都大番役を免除する代わりに北九州の警固を命じたのだ。

京都大番役とは、御家人が交代で京都御所の警固にあたる役目のことである。異国警固の命令をうけた薩摩の御家人、平忠俊は出発するに当り、田畑所領を息子の「くますまろ（熊寿丸）」にゆずるという譲状《ゆずりじょう》を書いた。

「譲り与えるくますまろの所に。平忠俊の先祖相伝の所領、ほかの名《みょう》の田畑ならびに山野の事。自分が大宰府へ参向する以上、ひとつには海路のならいとして船で行く。もうひとつには軍庭（戦場）に赴くのであるから、もし忠俊に万が一のことがあれば、くだんの田畑、山野はくますまろを嫡子として子々孫々にいたるまで、他の防げなく知行すべきである。後日の違乱《いらん》を防止するために、一族の者から証判をもらったところである」②

「使者を斬る」と奏上

趙良弼の再来日

ところで日本から追い返されて高麗にとどまっていた趙良弼のところに一二七三年

三月、フビライから命令がとどいた。なぜか、フビライは怒っていなかった。

「汝が遠使をつとめてくれたことはまことに有難かったが、今に至るもまだその実功を見ない。日本が服従しないのは汝の忠節が足りないからでなく、日本人の頑愚がなせる業であろう。だから今一度かの地に渡って、彼を説得してくるように」

趙良弼はフビライの国書を携えて高麗を出発し、ふたたび博多湾から上陸した。

趙は前回同様、京都に行って直接、国書を渡したいと言い張ったが、もちろん許されなかった。

鎮西奉行、少弐資能は幕府の命令通り、趙たちを監視下におき、ただちに早馬をだして鎌倉に報告した。

時宗、朝廷に奏上する

執権、北条時宗は、たび重なる強要に怒った。そして幕府の決意を書状にまとめ、朝廷に奏上した。

「彼が再三再四、使者をよこし、無礼な言辞を申しあげるのは、まことに奇怪至極なことと存じます。またこの使者の挙動を見まするに、貢使のようではありません。まして信使でもありません。よくよく推察しますと、彼は国書にことよせてわが国の風俗地理を調べ、十分その隙《すき》をうかがい、軍をおこして攻めよせる姦策《かんさく》であることは、鏡にかけた如く明白なことでございます。わが皇国をあなどる憎き奴輩でございますから、ことごとく首をはね、わが国の武威を示して後世までの掟にしたいと存じます」㉑

使者の首をはねる、というのだ。

これを読んで朝廷はあわてた。今回だけは首をはねるのをやめ、その決意を知らせて帰国させるのがよい、と答えた。

そこで幕府は、鎮西奉行に、

「重ねて渡来するときは、ひとりも生かして帰さない。この事をよくよく皇帝に申し伝えさせよ」

と命じた。

趙良弼の進言

趙良弼、フビライに進言する

こうして趙良弼は前回同様、何の成果もなく、ふたたび日本をはなれることになった。

趙は高麗に帰りつくと、こんどはフビライのいる大都へ急いだ。

趙良弼はフビライに謁見し、日本遠征はやめた方がいい、と進言した。

「小臣、勅命をうけて再度、日本に渡海いたしましたが、同国滞在中その風俗をうかがいまするに、士民みな蛮勇に富み、殺伐としており、君臣の礼、父子の情愛などまったく見られません。乱暴きわまりない人民どもでございます。また土地も山水が多く、田野少なく、耕作すべきような土地はほとんどありませんから、たとえ占領しても一向に役立つとは思えません。まして荒海を渡る際には海風が定まらないので、その禍《わざわ》いもはかり知れません。つまり大軍を日本へ送って戦争するなどということは、有用な国民や財物を無窮の谷底へ追いおとすようなものでありますから、討伐などおやめになるのが御賢慮かと存じます」⑧

フビライはだまって聞いていた。そして趙良弼をねぎらった。だが日本征服の決意はかたく、こう言い切った。

「自分はかねてから日本征服を考えていたが、小国であるから兵馬を用いる気持はなかった。適当に説諭して、帰化服従させるつもりでいた。しかし、案外、手剛いというこことが汝の報告で分かった。わしは、たとえ無益無用であってもその人民の頑愚《がんぐ》な心根を打ちこわしてやらねば気がおさまらないから、一気に攻め滅ぼして天誅を加えてくれる」

船九百艘をつくれ

遠征の宣言と艦船建造

この年（一二七三）、耽羅（済州島）を攻略して三別抄の乱を平定したフビライは、いよいよ日本遠征を実行できることになった。

フビライは元の将軍、忻都や洪茶丘、それに高麗の金方慶らを都の大都に呼び、日本への遠征を宣言した。

年があけ、問題の一二七四年（文永十一）となった。

一月三日、元のフビライは戦艦九百艘の建造を高麗に命じた。内訳は千料舟（千石船）三百艘、バドル軽疾舟（快速船）三百艘、汲水小舟（水船）三百艘だった。期間は五ヵ月。

船の建造のための役夫、資材、道具、そして役夫たちの食糧はすべて高麗の負担。高麗は三万五千人の役夫をあつめた。造船所は全羅道の二ヵ所におかれた。

そして一月十六日、船の建造がはじまった。総監督は、高麗人でありながら高麗に冷酷非情な、あの洪茶丘だった。

昼夜兼行の突貫工事のため、船材の松の木を乾燥させる時間的余裕はなかった。生《なま》木《き》でつくった速成の艦船だったので、のち欠陥船の弊害が出た。

高麗の人員供出

艦船建造のほか、フビライは高麗に対して兵士、梢工（かじ取り）、水手（水夫）、合わせて二万三千人を提供するよう求めた。

しかし高麗の国力からするととても無理だったので、交渉の結果、一万二千七百人におちついた。

さらにフビライは、高麗に駐留する南宋の蛮子軍（降兵）のため、高麗の婦女子たちを提供するよう求めた。

高麗は断わることができない。そこで敵対していた三別抄の妻や、民間の独身女性たちを集めて蛮子軍に提供した。

フビライの出征命令

そして三月、フビライは元将の忻都と洪茶丘をよび、具体的な命令を発した。

「今まで日本国王は一通の返事もよこさず、実に驕慢不遜であった。ことにわが使者を侮辱し、取り扱うこと臣僕の如くであったから、最早、捨ておくことができぬ。日本を滅ぼして臣属国となし、自ら招いた破滅の罪を天に代わって知らしめようと思う。ついては、汝ら両人は船艦九百艘に軍兵一万五千人をひきいて出陣せよ。とくと心得て忠節をはげめ」

出征予定は七月だった。

フビライは高麗国王に使者を遣わし、協力するよう申し入れた。

「かの国はまことに頑迷にして、帰化服従の心が少しもなく、わが皇威を侮辱する不届き至極な人間であるから、最早、兵力に訴えるより外に道がなくなった。そこで軍兵一万五千を送ってこれを討伐することに決した。だから、貴卿も十分、加勢してもらいたい」

そこで高麗国王、元宗は金方慶を大将にして、兵八千人を出兵させることにした。

文永の役（一二七四年）

元宗崩御と諶の即位（忠烈王）

ところでこの年（一二七四）五月、元宗の世子諶とフビライの皇女クツルガイミシの結婚式が大都の宮殿で盛大に行なわれた。

元宗は病気のため出席できなかった。そしてその直後（六月）、元宗は開京で波乱の生涯を閉じた。在位十五年、五十六歳だった。

大都で父親の訃報を聞いた世子諶は、急いで高麗に帰国した（皇女は大都にとどまる）。このとき、諶はモンゴルの服、モンゴルの髪（弁髪《べんぱつ》）で帰国したという。

そして八月、諶は開京で王位につき、忠烈王《チュンニョルワン》となった。三十八歳になっていた。

高麗国王はこれまで「宗」の称号を使っていたが、忠烈王以後はフビライの命令で「王」と称するようになり、従属化がいっそう強くなった。

すでに戦艦九百艘の建造も完成し、元と高麗の将兵たちは合浦に集結していた。

しかし、国王元宗の死と世子諶の即位のため、日本遠征は三ヵ月ほど遅れることになった。

元軍、対馬に襲来

そして、十月三日、元と高麗の連合軍は九百艘の船に分乗して合浦を出航した。

◇

総司令官　忻都

副司令官　洪茶丘

同　劉復亨《りゅうふくきょう》

元軍　二万人

高麗軍　六千人

梢工水手　七千人

◇

総員三万三千の大軍だった。

そして十月五日、午後四時ごろ、連合軍の船団が対馬の西岸、佐須浦（小茂田浜）に現れた。急報が国府（厳原）の宗助国のところにとどいたのは、午後六時ごろだった。

対馬の守護代、宗助国は、八十騎をひきいて夜どおし夜道を馳せた。そして午前三時ごろ現地、佐須浦に到着した。

宗助国の戦死と襲来報告

夜が明け（十月六日）、船から一千人ほどが上陸してきた。はげしい矢戦となった。連合軍の矢の先には毒が塗ってあった。

その上、日本軍は鉄炮《てつはう》という新兵器に苦しめられた。鉄炮というのは、鉄の容器に火薬をつめ、導火線に火をつけて投げつけるもので、大変な威力を発揮した。威力は、その音と光と煙だ。馬がおどろいて跳ねる。

はげしい戦いが数時間つづいたが、日本軍はしだいに押されていった。そして大将の宗助国が、胸に矢を射られ、馬から落ちて死んだ。助国の息子、馬次郎も、敵陣に討ち入って死んだ。

その後、元と高麗の連合軍は、近くの民家につぎつぎと火をつけ、焼き払った。ところで対馬の守護代、宗助国は、敵襲来の報告をうけたとき、家臣ふたり（小太郎、兵衛次郎）をただちに博多へ向かわせた。

それを受け、博多の鎮西奉行、少弐資能は、鎌倉へ急使を出した。そして、九州各地の御家人に非常招集をかけた。

対馬・壱岐の戦い

壱岐襲来と守護代平景隆

十月十四日、元と高麗の連合軍は壱岐島の西岸、勝本の沖に現れた。そして午後四時ごろ、二艘の船から四百人ちかくが上陸してきた。

実は壱岐の守護代、平景隆は、対馬が大変なことになっていると聞き、博多の少弐資能に援軍の派遣をもとめた。

少弐家は幕府の鎮西奉行であるとともに、筑前、豊前、肥前、壱岐、対馬（三前二島）の守護でもあった。

「敵はすこぶる大軍で、ことに最初の戦いに勝利を得たため破竹の勢いでありますから、どうか至急、援軍を遣わされるよう願います」

壱岐では、島民たちが平景隆《かげたか》の陣中に集まってきた。景隆はひじょうによろこび、感激してこう言った。

「戦の勝利は人心の和である。こんな賤民漁夫に至るまで一致して敵に当ってくれることはまことにうれしい。妻子一族をみな城中にかこい、心やすく戦え。援軍を九州に依頼しているから、敵がこの島に襲来するまでには来るであろう。一同の者、力をあわせて島を守ろう。このことは島の幸だけではない。日本国の幸である。この忠義はやがて鎌倉にも聞こえ、莫大な恩賞も与えられるであろう。一同の者、戦ってくれ」(⑧)

樋詰城陥落と景隆の最期

さて壱岐の守護代、平景隆は、百騎をひきいて、勝本に上陸した敵兵のところにかけつけた。

はげしい戦いがつづいたが、そのうち陽が沈み暗くなったので、互いに陣を引き、この日の戦いはおわった。景隆は城(樋詰城《ひづめじょう》)にひき上げた。

翌日（十月十五日）、敵は朝から城を攻めてきた。景隆軍勢も全力で戦ったが、ついに一の木戸が破られた。

しかし、その後、景隆を先頭に決死隊が敵陣の中に飛びこんで行き、敵兵を追い払った。

ところが、しばらくすると、城の一角から火の手が上がり、ふたたび敵兵が城内にはいり込んできた。

平景隆は最早これまでと覚悟し、皆をあつめて、

「最早、最期である。皆の者よく戦ってくれた。冥土でまた会おう」と言った。

そして景隆は本丸に入り、腹を掻き切って死んだ。その他の者も、たがいに刺し違えて死んだ。

日蓮も聞いた島民の惨状

対馬、壱岐では、島民の男たちは殺され、女たちは手のひらに穴をあけられ、その穴に綱を通して船べりに結びつけられたという。

あの日蓮も、だれから聞いたのか、そのことを書いている。

「対馬ノ者、百姓等ハ、男ヲバ或ハ殺シ、或ハ生ケ取リニシ、女ヲバ或ハ取リ集メテ手ヲ通シテ船ニ結ビ付ケ、或ハ生ケ取リニス。一人モ助カル者ナシ。壱岐ニ寄セテモマタ是ノ如シ」⑪

大宰府では、対馬、壱岐に援軍を送りたかったのだが、間に合わないことが分かり、本土防衛に全力を投入することにした。

そして鎮西奉行、少弐資能は、元軍の襲来近しと判断し、九州全土の御家人武士に出陣を命じた。

博多湾から上陸

元軍船団、博多に上陸

元と高麗の連合軍は壱岐を攻め落とした翌日（十月十六日）、平戸をおそった。その次の日（十七日）、鷹島《たかしま》に上陸して攻めた。

そして翌十八日、連合軍の大船団が玄界灘に集結した。

翌日（十九日）の朝、九百艘の大船団が博多湾に姿を現した。しかし、この日は上陸しなかった。

そして翌二十日、早朝、連合軍は博多湾の東西から上陸を開始した。

第一陣は西部の今津、長浜方面から上陸した。この地域は、日本側は無防備だった。

第二陣は、博多湾中央の百道原《ももちばる》から上陸。このとき、船上ではドラをたたき、タイコを打ちならしながら陸に近づき、矢を雨のように放ちながら上陸した。また、鉄炮を投石器で飛ばして炸裂させた。

残りの第三陣は、東部の箱崎から上陸した。

ただ、この日上陸した兵力は一万人に満たなかったという。

日本軍は、少弐経資《つねすけ》（資能の子）が総大将、豊後の大友頼泰《よりやす》が副大将、少弐景資《かげすけ》（経資の弟）が前線大将に任命された。

このとき博多湾岸に集結していた日本軍の総兵力は、五千人ほどだったようだ。

日本軍劣勢、元軍の集団戦法

合戦がはじまったが、武器も戦法も兵士の数も日本軍が劣っていた。

日本の戦法は、まず合戦の合図として鏑矢《かぶらや》を放つ。すると相手陣営は返し矢を射ち返す。この矢合わせのあと、一騎だけ前に出て名乗りをあげる。

この様子を見ていた連合軍の兵士たちが、どっと笑った。そして名乗りをあげているひとりの日本武士を大勢で取り囲み、生け捕りにしてしまった。

このときのモンゴル軍の合戦について書かれた史料がある。

「モンゴル軍は、日本の合戦のごとく互いに名乗りあい功名をあげるのも不覚を取るのもひとりひとりの勝負と考えるのではなく、大勢で一度に寄り合わせ、足や手の動くところに我も我もと取りついて押し殺し、あるいは生け捕りにするというやり方だ。このため、敵中に駆け入るほどの勇気ある日本人は、漏らさず殺されてしまうありさまだ」⑵

またモンゴルの弓（合板弓）は短弓（一・五メートルほど）だから馬上での操作は自由が利いた。それに比べ、日本の長弓は二メートルを越えていた。

日本軍退却

大音響、鉄炮の炸烈

連合軍は上陸するや、カネ、ドラ、タイコを打ちならしながら襲いかかってきた。日本軍は、この聞いたことのない大音響に呆然とし、度肝を抜かれた。馬は跳びあがり、はねまわり、言うことを聞かない。これでは戦《いくさ》にならない。そこに毒矢が降りそそぎ、鉄炮が炸裂した。

それでも、日本軍は勇敢に戦った。

ところが、しだいに日本軍は連合軍の集団戦法に押され、今津や百道など博多の西半分はほぼ占領されてしまった。

その後、連合軍は民家に侵入し、略奪、放火をくり返した。

このモンゴル軍との戦いについて、当時の史料にこうある。

「モンゴルは太鼓をたたき、銅羅を打って鬨を告ぐる。その声のおびただしさに、日本の馬どもおどろき、おどり、はね狂う。モンゴルが射る矢は短しと云えども、矢の根に毒を塗りしかば、あたる者、毒気に負けぬという事なし。数万人、矢先をそろえて雨の降る如く射ける。大将軍は高き所にあがりて、引くべきときは逃鼓を打ち、かかるべきには責鼓をたたく。逃げるとき、鉄炮を飛ばして暗くなし、鳴音おびただしく、心をまどい、肝をつぶす」

箱崎から水城へ

博多の東部でも激戦がつづいた。東部の箱崎から上陸したのは連合軍の本隊だった。この箱崎方面の警備を担当していたのは、豊後の守護で鎮西奉行の大友頼泰だった（鎮西奉行は少弐と大友のふたり）。

しかし、この方面もしだいに押され気味になり、死傷者が多数にのぼった。夕刻になり、だれ言うともなく、ここはひとまず退いて水城《みずき》に立てこもった方がいい、ということになった。

水城というのは、古代、白村江《はくすきのえ》の出兵に敗北した翌年（六六四）、新羅《シンラ》や唐の報復から大宰府政庁を守るために建設された大堤防で、高さ十三メートルほどの土塁だった。

大友軍勢が水城に退却したあと、箱崎八幡宮の宮司たちが、御神体をかかえて雨の中を逃げた。そして、宇美《うみ》の極楽寺に御神体をうつした。その後、町は焼かれ、箱崎宮も焼失した。

大友頼泰はのち、幕府から訓戒の書状をうけとった。

「異賊が襲来したとき、戦場に臨みながら進み戦うことをせず、あるいは、持場を守ると称して戦場に馳せ向かわない輩が多くいたと聞く。はなはだ不忠の科をまねくことではないか。今後もし忠節を致さなければ、罪科を行なうべきである。この旨をあまねく御家人等に相触れなければならない。将軍の仰せにより以上、通告する」(2)

第五章 竹崎季長の恩賞

安達泰盛に恩賞の直談判をする竹崎季長（蒙古襲来絵詞「九大本」より 九州大学附属図書館蔵）

諸将会議

忻都の感嘆と悩み

陽もかたむき、しだいに暗くなった。連合軍の総司令官、忻都は、日本軍の強さ、命しらずの勇敢さに感嘆してこういった。

「これまで諸国と戦ったが、これほど猛烈な抵抗をうけたことは一度もなかった。わが将兵はよく戦場になれているが、打物を取っての働きは、どうしても日本人にはかなわない。前々から武勇の国とは聞いていたが、こんなに強いとは思わなかった」

忻都は日本軍の夜襲をおそれた。それと、矢の消費量が予定よりはるかに多く、残りが少なくなった。

忻都はおもな部将をあつめ、このあとどうするか、話しあった。

忻都、撤退を決意する

高麗軍を指揮する金方慶は、戦闘続行を主張した。

「わが軍は混合軍でいながらたびたび勝利を得たのは、みな一致協力して決死の覚悟で戦ったからであります。だからこの英気がゆるまないうちに、さらに激しく攻めよせて勝敗を決め、敵軍を蹴散らし、進んで九州全土を乗っとり、足場としたならば、一挙にこの国を征服することはさほど困難ではありません。もしこの期を逸したならば、ふたたび日本を討ち破ることは困難だと思います。だから、一刻も猶予している時ではありません」⑧

だが、忻都をはじめ他の諸将たちは弱気だった。副司令官の劉復亨は負傷していた。総司令官の忻都が、最後にこういった。

「その意見は一応もっともと思う。しかし今この日本軍の軍勢を見ると、小敵とはいえその堅固なことまことに比類がなく、義勇一途で死を顧り見ず、その鋒先はなかなかあなどり難いものがある。もしここに長居すれば、敵は新手の軍兵を加えてきて、戦争はますます難儀となるだろう。しかもわが国は矢種も残り少なく、食糧も不十分になってきている。退くべき時は神速に引くのが良将の策というから、わしは一旦この地を引き払うのが最善の策と思うが、どうであろう」

諸将は賛成した。

非御家人も動員

幕府の防衛命令

鎌倉幕府がもっとも怖れたのは、敵が瀬戸内海を通って直接、京都をおそうことだった。

モンゴル襲来の報をうけた幕府は、甲斐（山梨）に住む安芸（広島）の守護、武田信時に対して、ただちに任地の安芸へ下向して敵の襲来に備えよ、と命じた。

その内容は、幕府支配下の地頭、御家人だけでなく、公家や寺社の荘園に住む非御家人の武士も集めて防衛に当れ、という御教書だった。

「モンゴル人が対馬と壱岐に襲来し、すでに合戦に及んでいる旨、大宰府の少弐資能から報告があった。早速きたる二十日以前に安芸国へ下向し、かの兇徒が寄せてきたら、国中の地頭、御家人ならびに本所領家、一円地の住人らを動員して防ぎ、戦いなさい。決してなおざりにしてはならない」(②)

非御家人も動員される

幕府は本来、公家や寺社の荘園に住む武士(非御家人)に対する命令権を持っていない。しかし緊急の国土防衛のためだ。非御家人も動員させることにした。

幕府はさらに、御家人でなくても戦いに参加して軍功を立てた者には恩賞を与える、ということを表明した。

「モンゴル人が対馬、壱岐に襲来し、合戦をしている。九州の住人らは、たとえその身が御家人でなくとも軍功を致す者がいれば、多くの中からその者を引き抜いて恩賞を取らすこと、あまねく告知しなさい。以上、将軍の仰せを伝えます」

荒海に沈む

暴風雨に飲まれて

ところで十月二十日の夕刻から夜にかけて、元と高麗の軍勢は全員、軍船にもどった。そのまま高麗に引きあげようとしたのだ。

そのころから、風雨がしだいに強くなった。夜半になると、さらにひどい暴風雨となった。船団は、せまい博多湾から沖の玄界灘に出て行った。

しかし海は荒れ狂い、船と船は激突、そして荒波にのまれ、沈んでいった。

この日は太陽暦では十一月の末だから、いわゆる台風ではないと思われる。玄界の暴風、強風だったのだろう。

九百艘の船のうち半数ちかくが沈没、大破し、一万三千五百人が死んだという。三万三千人のうちの一万三千五百人だから、四十一パーセントが死んだことになる。

夜が明けると（十月二十一日）、嵐がすぎ、朝から晴。

絶望から、一転歓喜

日本軍の将兵たちが水城を出て、博多の町に降りてきた。敵兵はひとりもいない。湾内に敵船も見当たらない。

人びとはおどろき、不思議がり、よろこんだ。当時の史料にこう書いている。

◇

十月二十一日の朝、海面から賊船が姿を消しているのを見た人が、

「これはどうしたことか。あちらこちらへと背中合わせに落ち行くとは、不思議なことだ。今日は敵兵が充満して、自分たちはひとり残らず滅び死ぬのだと終夜、歎き明かしたのに、なんだってこうして帰ってしまったのか。ただごとならぬありさまかな」

と泣き笑いして顔色もよくなり、正気をとりもどした。⒀

◇

戦後処理と元軍の帰国

博多湾沿岸を見まわっていると、志賀《しか》の島に大破した敵船が漂着していた。

二百人ほどの敵兵が乗っていたが、そのうちの五十人は、大友頼泰がひきいて鎌倉に上った。残りは、ことごとく首をはねた。

博多の住民はあちらこちらから戻ってきたが、博多の町はみるかげもなかった。

ある神官が書いている。


「賊、退きければ人びと諸方より帰り来るに、親は子を失ひ、夫は妻を取られ、家は焼かれ、資財は亡び、立寄りて身を容るる所なし。焼亡の灰は浦風に吹かれ、天に上りて、目も明けられず。山里に入りし人は半日を経て帰り来るに、旧里は荒れて見る影もなし」⑥

連合軍の幹部、忻都・洪茶丘・金方慶らは、頑丈な船で無事、高麗に帰りついた。

実は高麗にもどる途中、彼らはふたたび壱岐、対馬に立ちより、島民二百人あまりを捕虜にして連れ帰った。

そして十一月のはじめ合浦につき、十二月下旬、高麗の都、開京に帰りついたのである。

ところで敵軍敗退の報が京都にとどいたのは、十一月六日だった。

朝廷は伊勢神宮などに奉幣使を送って神に感謝し、亀山上皇は自ら石清水八幡宮や北野天満宮などに参詣した。

忻都の報告

忻都の報告、フビライの反応

年があけ（一二七五年）一月、元の三将（忻都、洪茶丘、劉復亨）は捕虜二百人をつれて開京を発ち、元の都、大都に向かった。

そして忻都たちはフビライに謁見し、事のてんまつを子細に報告した。

「はじめ対馬、壱岐に攻め入り、手合わせの戦いに勝利を得、守護地頭以下、兵士らを残らず討ちとり、生捕った土地の者も数百人にのぼりました。それから筑紫の地に向かい、死を決して奪戦した結果、堅塁を次から次へと撃破し、火を放って焼き払いましたから、わが軍の大勝であることは論を待ちません。しかし、かの日本人はまことに武勇すぐれた者どもで、討死することを少しも恐れぬ者たちでございます。多数の中にとび込んで来て、ひるむ色ない恐ろしい人間でございます。私（忻都）も南征北伐たびたび諸国の戦場を踏んだ経験がありますが、日本人ほど勇猛な人間は見たことがありません。ウワサに聞いた以上にかれらは義勇の念が強く、それがために、わが将兵で戦死した者もずい分おりました。中でももっとも頼みとしておりました劉復亭が流れ矢にあたって深手を負い、その上、兵士たちも連戦に疲れてひとまず撤退したところを、二十日の夜に思いがけない暴風雨にあって船が沈没し、多数の溺死者を出したことは返すがえすも残念なことでございました。そこでいったん帰国して、ふたたび時期を見て討ち平げようと思い退陣して参りました」⑧

そして捕虜二百人を差し出した。

フビライは大きくうなずき、遠征の労をねぎらった。

ところがこのあと、フビライはさっそく重臣たちを集め軍議をひらいた。再度の遠征をいつにするか、だった。

高麗の窮状

アラカン、遠征に反対する

このとき右丞相のアラカンが、こう言って遠征に反対した。

「このたびの一戦でわが軍の勇猛なことは、日本でも分かったと思います。だから、如何に武勇を誇る日本人でも恐怖の念をいだいたことでしょう。日本は独立国家といっても、東洋の端にある井の中の蛙同然です。いま改めて、文武兼備の者をえらんで使者として遣わされるのが一番よいと思います。ほどよく日本を指導し説諭したら、かならず服従してくるに違いありません。だから、ふたたび戦争に訴えることなど愚策というより外ありません。使者を送って服従させることこそ上策の第一と思うが、如何でしょうか」

日本はモンゴル軍の強さを思い知ったはずだから、使者を送って説得すれば服従、入朝してくるだろう、と言っているのだ。

フビライはなるほどと思い、ふたたび使者を派遣することにした。そして礼部侍郎の杜世忠《とせいちゅう》を正使に、何文著《かぶんちょ》を副使に任命した。

忠烈王の上表

いっぽう、高麗は疲弊しきっていた。

高麗国王、忠烈王は、フビライがふたたび日本遠征をおこなうだろうと見ていた。しかし、これ以上の負担には耐えられない。忠烈王は、高麗の窮状をフビライに訴えるため、遠征から帰ってきたばかりの金方慶を大都に派遣した。

忠烈王の上表文には、こう書いてあった。

「わが国は日本を征討するため、戦艦を修造しました。若者が皆、工役に従事したため、老弱者のみがわずかに耕作していましたので、収獲も思うようにいきませんでした。その上、旱ばつのため穀物は実らず、国費は不足し、遠征に従事した者は戦死、溺死して、帰国せぬ者が多数に上りました。生き残った者も、短い年月ではふたたび以前の状態に立ち返ることはできません。もし、また日本再征の軍を近々、起こされるとしても、わが国では戦艦、兵糧などはとうてい用意は出来ませんので、ご承知ください」

しかし、元の皇帝フビライは、日本征服を決してあきらめなかった。

異国警固と異国征伐

博多沿岸を交代で警備

元と高麗の侵攻をうけた日本は、その翌年（一二七五、建治元）二月、博多の町を守るため、異国警固番役の制度を整備した。

鎮西奉行の少弐経資が定められたもので、九州各国が三ヵ月ずつ、交代で博多沿岸を警備することになった。

◇

一、二、三月は筑前と肥後
四、五、六月は肥前と豊前

七、八、九月は豊後と筑後
十、十一、十二月は大隅と薩摩と日向

◇

その後、幕府は、異国征伐に向かう、といいだした。異国とは高麗のことだ。

異国征伐の準備

この年（一二七五）十二月、幕府は鎮西奉行の少弐経資に対して、来年三月、異国征伐に向かう、と告げた。そこで乗組員を集めよ、九州で足りないなら山陰、山陽、南海道からも集めよ、と命じた。

さらに幕府は、安芸の守護、武田信時に対して、

「来年三月ごろ、異国を征伐する予定である。安芸国の海辺知行の地頭御家人と本所一円地に命じて、かねてから乗組員を用意し、少弐経資が命じたらすぐ博多に送り遣わすように」⑮

と命じた。

また出兵命令をうけた肥後の僧、定愉《じょうゆ》は、次のような注進状を提出した。

◇

僧、定愉、注進状

肥後国、僧定愉の勢ならびに兵具、乗馬等のこと。

一、自身　歳三十五

郎従一人、所従三人、乗馬一疋

一、兵具　鎧一両、腹巻一両、弓二張

征矢二腰、大刀

右、仰せ下され候の旨にまかせ、注進の状、件のごとし。

◇

しかし、この異国征伐の計画は、負担が大きすぎ、実行されなかった。そして、国土防衛の方に力をそそぐことになった。

恩賞問題と竹崎季長

ところで文永の役後、幕府にとって頭の痛い問題があった。戦後の恩賞問題である。外敵を撃退しただけでは、恩賞として与える土地はどこからも出て来ない。

戦功をあげた者は証人の証明を得て、鎮西奉行の少弐経資か大友頼泰に申し出る。鎮西奉行は功績注進状をつくり幕府に提出する。そして幕府が恩賞を決定する、ということになっていた。

肥後の御家人、竹崎季長《たけざきすえなが》は、文永の役で戦功、手柄をあげたのに恩賞がなかった、と不満をもった。

元と高麗の軍勢が博多に上陸したとき、竹崎季長はわずか五騎で馳せ参じていた。そして季長は、無謀な一番駆け突撃をした。

だが矢の雨が降りそそぎ、馬はたおれ、季長自身も負傷した。

このとき肥前の白石軍勢が大勢でやって来たので、季長はなんとか助かったが、無謀な突撃ではあった。

翌年（一二七五）、一番駆けの手柄を申し出たのに恩賞がなかった竹崎季長は、直接、鎌倉にのりこみ、幕府に訴えることにした。これも無謀だ。

竹崎季長の恩賞

竹崎季長の鎌倉入り

六月三日、竹崎季長は弥二郎と又二郎のふたりだけをつれ、肥後の竹崎を発った。このとき季長は所領もなく、馬と馬の鞍を売って旅費をつくった。

八月十二日、竹崎季長は鎌倉にはいった。まず由比ヶ浜で身体を清め、そのあと鶴岡八幡宮に参詣して恩賞成就を祈願した。

そして幕府に訴え出たが、見すぼらしい季長の言い分を聞いてくれる者はいなかった。

あきらめかけていると、幕府の最大の実力者で恩賞奉行の安達泰盛が会ってくれることになった。安達泰盛は、肥後国の守護でもあった。

季長、安達泰盛に訴える

十月三日、竹崎季長は安達泰盛に会い、わずか五騎で敵陣に先駆け突撃したことを強調した。

少弐景資は認めてくれたのに、鎮西奉行の少弐経資（景資の兄）が功績注進状に載せてくれなかった、と訴えたのだ。

村井章介氏の『北条時宗と蒙古襲来』によると、安達泰盛と竹崎季長のやりとりは、以下のようなことであった。

◇

安達「少弐経資の注進に入らなかったと言うが、注進の内容を知っているのか」
竹崎「どうしてそんなこと知り得ましょうか」
安達「知らないのなら、何を根拠に不足を申すのか」
竹崎「経資が『先駆けの勲功については、子細を上申し、仰せを待って追って通知する』と申しましたが、先駆けが御注進に漏れたと分かったのです」
安達「（敵の）分捕り、（味方の）討死の功はあるのか」
竹崎「分捕り討死はありません」
安達「それがなくては、合戦の忠を致したとは言えぬ。手疵《てきず》をこうむったと書いてあるのだから、それで何の不足があろうか」
竹崎「先駆けをして、御注進に漏れ、君に認知していただけなかったことを申しているのです。不審がお残りでしたら、景資に御教書をもってお尋ねになり、『季長の申した先駆けはいつわりだ』と回答がまいりましたなら、この首をお召しください」

安達「御教書のことは、先例がないので叶わぬことだ」

竹崎「異国合戦に先例があろうとは思えません」

安達「御説はもっともだが、御沙汰の法としては、先例がなくては叶わぬことだ」

竹崎「重ねて申しあげるのは、直接、恩賞をいただきたいという訴訟ではございません。先駆けについて私がいつわりを申したとなれば、首をお召しください。合戦の勇みを却下されましては、生前これ以上の嘆きはありません」

安達「合戦のことについては承知した。君に申しあげよう。恩賞についてはまちがいないものと申うから、急ぎ国に下向して、重ねて忠をなされよ」

竹崎「君の認知をいただいたからには、仰せの通り下国すべきところですが、無足の身（知行地をもたない）ですから居るべき在所もありません。どこに居て、後日の御大事を、待っていればよいのか分かりません」

◇

竹崎季長は先駆けのことだけを強調して、ついに恩賞を勝ち取った。安達泰盛が根《こん》負けしたのだ。

恩賞付与と蒙古襲来絵詞

そして一ヵ月後の十一月一日、季長は安達邸によび出され、恩賞付与の下文を渡された。

竹崎季長が肥後国海東郷（竹崎の近く）の地頭に任命されたのだ。そして黒栗毛の馬を与えられた。

ところで竹崎季長が地元の絵師たちに描かせたといわれる「蒙古《もうこ》襲来《しゅうらい》絵詞《えことば》」は、実はそれから二十年ほどのち、地元の甲佐大明神社に奉納するために制作されたものである。

前巻後巻、あわせて四十メートルほどあり、現在、宮内庁の所蔵となっている。

第六章 杜世忠、周福の処刑

竜ノ口で処刑される杜世忠一行（矢田一嘯作『元寇』より 鎮西身延山本佛寺蔵 うきは市教育委員会提供）

杜世忠の処刑

宣諭使、日本に派遣される

日本征服に失敗したフビライは、日本再征の前に、もう一度、日本に宣諭使《せんゆし》を派遣することにした。

宣諭使とは、日本がフビライに服属、臣従するよう諭す使者のことである。

二月九日（一二七五年）、礼部侍郎（外務次官）の杜世忠と兵部郎中（国防次官）の何文著が正使、副使に任命され、大都を出発した。

そして一ヵ月後、杜世忠一行は高麗の都、開京についた。

高麗国王、忠烈王は、一行の案内役として、徐賛《ソチャン》と上佐《サンジャ》を任命した。

そして四月十五日、一行は博多ではなく長門国の室津（豊浦）に到着した。博多ではラチがあかない。京都に行って直接、中央と交渉しようと思ったのだ。

杜世忠に来日の目的をたずねると、杜世忠はこう答えた。

「たがいに和睦して修好和親したい。だから今、直ちに都にのぼってわれらの本意を述べたいと思う」

室津ではどう対応したらいいのか分からない。

鎌倉に急使を飛ばして幕府の指示を仰いだ。

幕府は、正使、副使ら五人のみを鎌倉に護送し、他の従者たちは大宰府に送るよう命じた。

そして八月、杜世忠たちは鎌倉についた。杜世忠は、元の皇帝フビライの国書を差し出した。

使者を生きて帰さず

幕府の執権、北条時宗は五人を引見し、来日の目的を問いただした。

杜世忠は、フビライを偉大な皇帝だとほめたたえ、日本と友好関係を結びたいと強調した。

時宗はだまって聞いていた。何もいわない。そして杜世忠らを引き下がらせた。

数日後、時宗は重臣たちを集め、こういった。

「モンゴルの使者がやってきて言葉をたくみにいろいろといったが、許すことは相成らぬ。

文永十年（一二七三）に趙良弼と申す者が使者として渡来したとき、直ちに首をはねるつもりであったが、わが国の決意をモンゴル皇帝に知らせるため、とくに命を助けて帰国させた。そのとき、今後、使者を遣わすようなことがあれば、ひとりも生かして帰さないと申し渡しておいたのに、今また使者をよこした以上、必ず斬られることを覚悟して来たのであろう。よって直ちに首をはねて、わが国の態度が終始一貫していることを知らせてやるがよい」⑧

重臣たちは、もちろん賛成した。

杜世忠の処刑と使者殺害命令

そして九月七日、五人は江ノ島の対岸、「竜《たつ》ノ口《くち》」の刑場に引き出された。処刑されると分かった五人は泣いて命乞いをしたが、時宗は許さなかった。

杜世忠は三十四歳だった（五人とも三十代）。

幕府は数日間、五人の首を由井ヶ浜にさらした。断固とした決意を内外に示したのだ。

なお大宰府に送られた従者たち三十人あまりも幕府の命令により、すべて斬りすてられた。

と思われたが、実は四年後、その中の四人がどういう訳か高麗に逃げ帰っていた。

処刑後、幕府は全国に、

「今後、異国より使者と称して何処の浦に渡来することがあっても、直ちに生け捕ってその地において斬殺し、さらし首にせよ」と命じた。

石築地の築造

石築地の築造と長門警固

元使たちを処刑したあと、幕府は国土防衛に力を入れた。

長門国の警備も強化し、山陽筋の四ヵ国（長門、周防、安芸、備後）に長門番役を命じた。

そして処刑の翌年（一二七六、建治二）、幕府は博多湾からの敵の上陸を阻止するため、博多湾沿岸に石築地《いしついじ》（石塁）を構築するよう鎮西奉行に命じた。

そこで鎮西奉行、少弐経資は、三月、九州の御家人に向かって石築地の築造を命じた。

そして湾の西方の今津から東方の香椎《かしい》まで、およそ十六キロメートルにわたって、九州九ヵ国が分担して築造することになった。

◇

今津　日向、大隅
今沼　豊前
生松原　肥後
姪浜　肥前
博多湾　筑前、筑後
箱崎　薩摩
香椎　豊後

◇

石築地の高さはおよそ二メートル。海側は垂直にして登りにくくし、陸地側は傾斜をつけて登りやすくした。

八月にはほぼ完成した。そして石築地の完成以後、その築造場所がそのままその国の警固担当場所となった。

また幕府は、長門国の警固をいっそう強化した。

これまで長門の警固は山陽道の四ヵ国だけが担当していたが、他の山陽道の国（播磨、美作、備前、備中）や南海道の国々（紀伊、淡路と四国の四ヵ国）の軍勢も長門に投入することにした。

そして長門の守護には、執権北条時宗の弟、北条宗頼を任命した。

南宋の滅亡

臨安陥落、南宋滅亡

ところで元の皇帝フビライは、日本遠征と平行して、南宋の平定にも力を入れていた。

日本遠征を決行した一二七四年、フビライは四十万の大軍を投入して南宋を総攻撃した。

そして、一二七六年一月、ついに南宋の都、臨安（杭州）が陥落し、皇帝、恭宗は捕まった。南宋の滅亡である。

このあと、フビライは日本再征に全力をそそげることになった。

日本再征の先送り

フビライは将軍たちを大都に集め、日本再征についてはかった。南宋の降将、范文《はんぶん》虎《こ》は、

「ただちに討つべし」と答えた。

ところがフビライの側近、耶律希亮《やりつきりょう》（チンギス・ハーンに仕えた耶律楚材《そざい》の子孫）が、こう主張した。

「わが国は宋、遼、金と戦い、まさに三百年なり。干戈はじめて定まり、人は肩で息するを得たり。数年を待ちて兵をおこすも、未だ遅からず」

フビライはこれを聞き、日本再征をしばらく先送りすることにした。

この会議に出ていた高麗の部将、金方慶は急いで高麗にもどった。そして、このことを国王、忠烈王に報告した。

忠烈王はよろこんだ。遠征のための甚大な負担を負わなくて済むからだ。

洪茶丘と金方慶

ダルガチへの密告書、金方慶らの逮捕

ところが、高麗王朝内部で、とんでもない密告事件がおきた。

この年（一二七六）の暮れ、開京に駐在する元のダルガチ（監察官）のところに、一通の密告書がとどいた。それには、こう書いてあった。

「忠烈王の前妃の貞和宮主《チョンファンクンジュ》が、女巫《めかんなぎ》を使って公主（忠烈王の妃クツルガイミシ）を呪詛している。また金方慶そのほか重臣四十三人が謀反をくわだて、都をふたたび江華島に移して元に反抗しようとしている」（④）

実は忠烈王は、クツルガイミシ公主と結婚する前、貞和宮主を妃としていた。この密告書を読んだ元のダルガチは、ただちに貞和宮主や金方慶らを捕えた。ところが、これは事実無根であることがやがて判明した。当然、全員、釈放された。

密告書ふたたび、金方慶の再逮捕

それから一年後（一二七七年）、またしても密告書が送られてきた。やはり金方慶の謀反のことだった。

◇

一、金方慶は、子の忻《フン》や親戚の者四百人と共謀し、国王、公主を殺して江華島に入ろうとしている

一、日本遠征が終ってからも、武器を私蔵している

一、戦艦をつくって南宋の海島に置き、謀反せんとしている

一、日本遠征のとき、海戦の訓練のない者を梢工、水手にして、戦争の不利をまねいた

一、金方慶は子の忻に晋州《チンジュ》（慶尚道）を守らせ、同じ慶尚道の京山府、合浦に腹

心の者をおき、呼応して反乱をおこそうとしている（④）

◇

しばらくして、元の将軍、忻都が大都からやって来た。そして金方慶らを逮捕し、謀反のことを問いただした。

ただ証拠は何もなかった。金方慶らは、こんども釈放された。

洪茶丘の再審議、金方慶の再々逮捕と流刑

ところが年があけて（一二七八年）一月、こんどは洪茶丘が開京に乗りこんできた。そして、事件を再審議すると言いだした。

洪茶丘は、高麗人でありながら高麗をにくみ、これまで高麗に対して冷たく、きびしい態度をとってきた。

そして一月十八日、金方慶とその子、忻がまたまた逮捕された。

そのあと、金方慶は、国王忠烈王の面前ではげしい拷問をうけた。その様子――

「鉄索を以て首を圏し、釘を加えんとするが如し。

また杖の者を叱して、その頭を撃たしむ。
裸立すること終日。天きわめて寒く、肌慮、凍りて墨をそそぐが如し」

真冬の一月だ。しかし金方慶は屈しなかった。

高宗、元宗、忠烈王、三代の国王に仕えてきた金方慶は、このとき六十七歳だった（洪茶丘は三十五歳）。

二月三日、ふたたび真冬の拷問。金方慶は何回も失神した。それでも屈しなかった。

結局、洪茶丘は金方慶父子を武器所有罪で流刑に処した。

忠烈王を密告

洪茶丘の企み、高麗直轄領計画

その後、洪茶丘は、高麗の統治方策についてフビライにこう上奏した。

◇

一、開京以南の要地に元軍を駐屯させる

二、高麗の州都にダルガチを配置する
三、金羅道の要地にトドガスン（番所）をおく
四、以上の処置をとるため、三千の元軍を増派する

◇

要するに、高麗全土を元の直轄領にしようという計画である。

その上で洪茶丘は、高麗の支配者になろうとした。

そのためには、国王の忠烈王も、忠烈王の忠臣、金方慶も邪魔になる。洪茶丘の金方慶いじめはそこからきていた。

忠烈王の呪詛疑惑と釈明

そして、こんどは国王に関する密告事件がおきた。

近く開かれる予定の、国王の「仏教法会《ほうえ》」は、実は国王が元を呪うための会だ、というのだ。

洪茶丘から急報をうけたフビライは、元への入朝を忠烈王に命じた。

四月一日、忠烈王はクツルガイミシ公主とともに開京を発った。公主としては結婚

してはじめて、四年ぶりの里がえりだった。

国王夫妻は六月中ごろ、フビライのいる上都についた。フビライは二首都制をとっており、夏は上都（開平）、冬は大都（北京）に滞在することが多かった。

忠烈王はフビライに会った。そして、金方慶の謀反や自分の「仏教法会」の呪いなどは、まったく根も葉もないことです、と強調した。そして、洪茶丘の策謀、奸策をきびしく非難した。

さらに、忠烈王は、フビライに向かってこう訴えた。

「洪茶丘がいる間は、国家運営は不可能です。軍隊を置くなら、モンゴル人か漢人の部隊にしてほしい。洪茶丘とその手下の部隊だけは、ぜひとも召還してほしい」

忠誠の誓約、金方慶の復帰

フビライは、忠烈王のことばを信じた。そして、洪茶丘の部隊はもちろん、すべての元軍を高麗から撤退させると明言した。

忠烈王はよろこんだ。よろこびのあまり、フビライのためなら何でもします、日本討伐にも協力します、と忠誠を誓った。

忠烈王は大きな成果をあげ、意気ようようと高麗にもどった。

そして八月、フビライは約束どおり、洪茶丘はもちろん、すべての駐留軍を高麗から引きあげた。

その後、忠烈王は、信頼する金方慶をよびもどし、話しあった。

無断処刑と洪茶丘の激怒

そして十月、これまで洪茶丘に協力して策謀、奸計をめぐらしてきた李兄弟を捕え、処刑した。

しかし、これを知った洪茶丘が激怒した。

洪茶丘は、フビライの裁可を得ないで元の功労者を殺した、とフビライに訴え出た。

フビライは、ふたたび忠烈王に入朝を命じた。

忠烈王は十二月、意を決して開京を出発した。

そして翌年（一二七九）一月、忠烈王と洪茶丘がフビライの目の前で対決した。

まず、洪茶丘が、忠烈王の不当を非難した。忠烈王がそれに反論した。

フビライは忠烈王の主張をみとめた。ただ、最後に、忠烈王にこう言った。

「今後、高麗の高官を処罪するときは、自分に上奏してからやるように」

臣下の処分にも、フビライの裁可が必要だというのだ。

周福の処刑

南宋の完全滅亡

そのころ、宋王朝の残存勢力が完全に滅びた。

南宋は三年前（一二七六）、首都、臨安が占領され、幼い皇帝、恭宗が降伏して滅亡した。しかし、このとき、一部の軍人が反乱をおこして恭宗の弟をかつぎ、南へ逃げた。

その幼い衛王昺《へい》が二月六日（一二七九年）、忠臣、陸秀夫《りくしゅうふ》に背負われて海に身を投じた。家臣たちもこれに従った。日本の平家滅亡とおなじだ。

高麗王朝の密告事件も解決し、南宋も完全に滅びた。いよいよ日本征服だ。

使者の安否、范文虎の進言

かつて耶律希亮が、フビライに、

「数年を待ちて兵をおこすも、未だおそからず」

と言ってから、三年がすぎた。

それと、四年前に宣諭使として日本に赴いた杜世忠たちの消息が、いまだに分からない。

フビライは南宋が完全滅亡した翌日（二月七日）、中国の江南四省に対して、艦船六百艘の建造を命じた。もちろん、日本遠征のためだ。

フビライは高麗に対しても、艦船九百艘（前回と同じ数）の建造と武器（弓矢）の製造を命じた。

高麗国王、忠烈王は、全面協力を約束した以上、フビライの申し出を承諾せざるを得なかった。

そして六月、フビライは将軍たちを集めて、日本遠征について会議をひらいた。

このとき、南宋の降将、范文虎が、出兵の前にもう一度、宋の旧臣を使者として日本に送り、宣諭をこころみることを提案した。日本と宋は、日宋貿易で友好関係がつづいていたからだ。

フビライは、それを受け入れた。そして、最後にこう言った。

「先年、杜世忠らを使者として日本へ赴かせたが、すでに五年の星霜《せいそう》を経たのに、何の音信もないとは、まこと奇怪至極である。日本国は小国といっても、決してあなどることはできない。日本は大国ではないが、その人民は剛勇で、しかも人心がよく一致している。だから粗忽《そこつ》な戦いをやると、大敗を招くかも知れない。よって今一度、使者を送ってその内情をうかがわせ、杜世忠の安居を知り、なおうまくいけば帰国させることである」⑧

周福の派遣と博多での処刑

そこで范文虎は、宋の旧臣、周福《しゅうふく》ら三人に元の国書をもたせ、中国の江南から日本へ出発させた。

そして六月末、周福らは博多に上陸した。

周福が、范文虎の書状を鎮西奉行に差し出した。

そこには、宋王朝は元にほろぼされた。日本も戦ったら危ない。日本は元の宣諭をうけ入れ、服属した方がいい、と書いてあった。

鎮西奉行から急報をうけた執権・北条時宗は、迷うことなく、

「使者を斬れ」と命じた。

そして八月、周福たちは博多の浜において、首を斬られた。

ちょうどそのころ、四年前、杜世忠らと日本に渡った水夫の中の四人が、高麗に逃げ帰ってきた。そして杜世忠たちが殺害されたことが、はじめて分かった。

高麗から報告をうけた元の皇帝フビライは、怒りにふるえた。

日本再征を決断

禅僧無学祖元

この年（一二七九）、執権・北条時宗は、禅僧（臨済宗）の無学祖元《むがくそげん》を中国から招いた。

それまで帰依していた蘭渓道隆《らんけいどうりゅう》が亡くなったので、時宗は道隆に代わる新たな高

僧をもとめ、道隆の弟子ふたりを中国に派遣していた。

彼らが中国からつれて来たのが無学祖元である。

祖元ははじめ、道隆の建長寺にはいった。三年後、時宗が円覚寺を創建し、祖元をそこの住持とした。

無学祖元はモンゴルをにくんでいた。殺されそうになったこともあった。

諸将の主張とフビライの決断

年があけた（一二八〇年）。元の都、大都では、将軍の忻都と洪茶丘がただちに出兵すべしと主張した。ふたりは、杜世忠たちが斬殺されたことに激昂していた。忻都はこういった。

「日本人は対馬、壱岐をはじめ各地で戦に負けていながら、それを忘れ、勝手にわが使者を斬殺することはもっての外である。たまたま暴風雨という天災があったため、徹底的に討ち破ることはできなかったが、それを幸いとしてまだ手向うとは、実に奇怪千万なことである。ふたたび征討の命をうければ、今度こそものの見事に日本を撃滅し、彼らの驕慢心を打ちくだかずにはおかない」

これに対して范文虎は、周福たちの帰国まで待つべきだ、と主張した。最後にフビライが、もう少し待とう、と言った。

実はこのとき、周福たちはすでに惨殺されていたのだが、このことは誰も知らない。六月になっても周福たちは帰って来なかった。日本に行ってちょうど一年になる。フビライは、日本再征を決断した。

忠烈王、協力を明言する

そして八月、高麗国王、忠烈王が大都にやってきて、フビライにこう言った。

「大元の使者を二度までも斬殺するとは、驕慢不遜もはなはだしく、まことに憎しみてもあまりある所業でございます。ついては、このたび上国において大軍をおこし、日本を征討されると聞きましたが、わが国もぜひそれに力を合わせ奪闘いたしたいと思います。かの地をよく知っている忻都、洪茶丘の両将を合浦から出航させ、江南から范文虎を元師として出発させ、両軍が壱岐で合し日本へ直進し攻め入れば、かならず勝利を得ることが出来ると信じます。

なにとぞ、そのときは、小国をも参加させて下さるようお願いいたします」

フビライはひじょうによろこび、

「汝の意向に添うようにしたい」と約束した。

高麗の協力

日本再征の基本方針

その後フビライは忠烈王、忻都、洪茶丘、范文虎らを集めて日本再征の作戦会議を開き、基本方針を決めた。

◇

一、忻都と洪茶丘はモンゴル人、高麗人、漢人、四万をひきいて合浦を出発する（九百艘の船）

二、范文虎は蛮子軍（南宋人）十万をひきいて江南を出発する（三千五百艘の船）
三、両軍は壱岐で合体し、日本へ向かう

◇

そしてフビライは日本再征のための征東行中書省（征東行省）を高麗におき、その中書右丞（長官）に忻都、洪茶丘、范文虎の三人を任命した。

出しゃばる忠烈王

ところが、これに不満の忠烈王が、ふたたびフビライに会い、自分の意見をのべた。

◇

一、高麗軍、漢軍を減らしてモンゴル軍を増やす
一、洪茶丘に重要な地位を与えないで、臣（忠烈王）が遠征軍司令部を指揮する
一、高麗の軍官に元の軍官と同様の牌面を賜する
一、臣は自ら合浦に至って軍馬を閲送する

◇

洪茶丘に対する不信感がつよく、忠烈王自身が遠征軍の主導権をにぎりたかったの

だ。

九月末、忠烈王は高麗の都（開京）にもどった。

そして十一月、忠烈王は元の大都に使者を送り、軍船を早く出航させる方がいい、と申し入れた。

その書状には、こう書いてあった。

「小国（高麗）は軍船九百艘を完成し、軍勢一万人、梢工水手一万五千人、それに兵糧にいたるまで用意万端、整いました。よって、急いで先鋒の副将らを出陣させて下さるようお願いします。例年五、六月ごろは霖雨《ながあめ》が降りつづいて雨天が多く、少しでも西風が吹けば海路は霧が深く、渡り難くなります。だからそれ以前に航海しなければ兵糧も不足をきたします。何とぞ一日も早く、至急、貴国を出航させられることが利便かと存じます」

忠烈王は、さらに、自分の希望を申し出た。それは次の四点だった。
◇

一、忠烈王が征東行省の長官の一員になって、征東軍の指揮に当りたい
二、元の軍人が、高麗で勝手な行動をとらぬこと
三、功労を立てた高麗の将兵に恩賞を与えること
四、金方慶をはじめ高麗の将軍、将校に、元軍なみの官位、称号を与えること

◇

フビライは、忠烈王の要望をみとめた。そして、

「忠烈王に中書左丞の官位を授ける。金方慶には中奉大夫の称号を与える」とした。

洪茶丘は中書右丞だったから、忠烈王が洪茶丘の上席に立つことになった。

忠烈王の念願はかなった。だが、これだけ深く関与すると、その分、高麗の負担も責任も大きくなった。

第七章

弘安の役

（一二八一年）

元軍船に小船で急襲する日本軍（矢田一嘯作『元寇』より 鎮西身延山本佛寺蔵 うきは市教育委員会提供）

フビライの再征命令

再襲に心構える時宗

日本でも、元の再襲のウワサが広まっていた。

執権北条時宗は、敵国降伏を祈願して、大般若経六百巻を血書したという。

そして時宗は、豊後の守護で鎮西奉行の大友頼泰に対して、

「モンゴルの異賊らが来年四月中に襲来するであろうから、厳重に守備をかためよ」

と命じた。

九州各地から将兵たちが博多にあつまって来た。そして、

「元軍、攻め来らば、わが日本の武威を心ゆくまで敵の奴輩《しゃっぱら》に示してくれる。こんどこそ文永の役のときの失敗をくり返すまじ。早や兵器のことも分かった。鉄炮なんかおそれるものか」

と言って気勢をあげた。

そして、年が明けた（一二八一、弘安四年）。

正月早々、執権時宗は無学祖元を訪ねた。大事を前に、覚悟の心がまえを指導してもらうためだ。

無学祖元は、だまって「莫煩悩《まくぼんのう》」と大書した。悩まず突き進め、ということだ。時宗は、このあともたびたび祖元を訪ねた。

フビライの訓戒と江南軍

そのころ元の大都では、皇帝フビライが諸将を前にして、出征命令を発した。いよいよ日本再征だ。

高麗発の東路軍の最高司令官には忻都、中国発の江南軍の最高司令官にはアラカンが任命された。

だだ、東路軍の中の高麗軍の指揮は、前回同様、金方慶が執ることになった。

そして二月、出陣を前にフビライは、諸将に向かって訓戒のことばを述べた。

◇

先年、予が書状を持たせて使者を日本に遣わしたが、ついに一言の返事もよこさず、あまつさえわが使者を彼の地に留めた末、殺害するとは、憎んでも憎み足りないところである。

よって今、汝らに命じその狂暴をこらしめることとしたから、敬しんで軍役を勤めよ。ただ古人のことばに、

「人の国家を取らんと思えば、土地人民をともに得よ。もし人民を殺害しつくしてただ土地を得るのみでは、何の益かあらん」

ということがある。

汝らはこのことばを忘れぬように。その国を攻め取り、国王を奴としても、人民を殺してはならぬ。

土地と民衆をともに収めてわが属領とすることを、深く心に留めておかねばならぬ。

また、ここに緊要なことがある。それは汝らが日本の国都に攻め入って和睦を乞われたとき、必らず集まって和議をいたすこと。そのとき、互いに功を争ったり、私心を張らぬようにせよ。⑧

◇

フビライは、元の江南軍をそのまま日本に駐屯させるつもりでいた。江南軍の十万は、ほろんだ南宋の降兵である。かれらを中国においていたら、反乱をおこすなど、社会不安の要因になる。

だから、フビライは、かれらを日本に送り込もうとしたのだ。集団移民であり、棄民である。

東路軍、出航

カンギルの反対を押し切って

実はフビライの出征命令に、反対する勇気ある将軍もいた。将軍カンギルはフビライにこう奏上した。

「軍兵は気力が第一で、上下の者がみな戦うことを熱心に希望する場合は勝利を得ることもたやすいと思いますが、今は連年の戦いで軍兵は疲れ果て、気力を失っております。今もし大兵を募ってふたたび戦いを行なうということになれば、士民はみな嘆き恨むことでございましょう。彼らは決して戦いを欲しておりません。どうぞこのたびの征戦だけはおやめ下さい。そして民衆を休養させて下さるよう、ひたすらお願い申しあげます」


だがフビライは、一度出した出征命令を取り消すことはしなかった。

そして二月二十日、諸将はそれぞれ大都（北京）を発った。

高麗にもどった金方慶は、フビライの出征命令を国王・忠烈王に伝えた。

そして三月十六日、高麗軍の司令官・金方慶は軍をひきいて開京を発ち、出航地の合浦へ向かった。

その直後、元の将軍、忻都と洪茶丘が、元軍とともに開京に到着した。

東路軍の閲兵式と出航

三月二十日、忠烈王は忻都と洪茶丘を引見した。あの洪茶丘が、このときは神妙にしていた。やがて忻都と洪茶丘も合浦へ向かった。

四月一日、高麗国王・忠烈王も合浦へ向かった。日本再征軍の司令官として、遠征軍を閲送するためだ。

そして四月十八日、出航地の合浦で盛大な閲兵式が行なわれた。モンゴル人、漢人、高麗人、合わせて四万の大軍、九百艘の艦船が忠烈王の閲兵をうけた。

元軍　　三万
高麗軍　一万
梢工水手　一万七千

そして五月三日早朝、忻都・洪茶丘・金方慶ひきいる四万の東路軍が合浦を出航した。それを忠烈王が見送った。

実はこの出航は、あまりにも早すぎた。

六月十五日に壱岐沖で江南軍と合流することになっていたから、その二、三日前に出航してもよかったのだ。

そこで半月以上、巨済島に碇泊《ていはく》することになった。

そして五月二十日、東路軍は巨済島をはなれ、日本へ向かったのである。

弘安の役（一二八一年）

対馬と壱岐の悲劇ふたたび

翌日（五月二十一日）、東路軍は対馬の東海岸、峰町のあたりに上陸した。はげしい戦いの末、対馬は占領された。

数日後、東路軍は壱岐へ向かった。その途中、一艘の艦船が大波で大破し、将兵百十三人、水手ら三十六人が荒波に沈んだという。

そして五月二十六日、東路軍は壱岐の東北地方の瀬戸浦から上陸した。そして島民を見つけしだい、手当りしだいに殺害し、暴虐のかぎりをつくした。

このときのことを書いた史料――

「見かけるものを打ち殺し、狼藉《ろうぜき》す。民・妻子を引具して深山に逃げかくれにけり。赤子の泣き声を聞きつけて探り求め、捕らえけり。されば、愛する児《こ》を刺し殺して逃げかくれす。あさましき有り様なり」⑥

敵兵に捕まったある妊婦は、腹をさかれ、中の嬰児《えいじ》とともに殺されたという。

博多、長門の石築地（石塁）

その後、数日間、東路軍は壱岐の沖ですごしていたが、合流約束の六月十五日までは、まだ時間がありすぎる。

そこで東路軍は、江南軍の到着を待たず、東方の博多湾の方に軍をすすめた。

そして六月五日、東路軍は博多湾に現われた。

ところが、前回とは様子がちがっていた。博多湾の東から西まで石築地（石塁）がつづき、日本将兵が待ちかまえていた。これでは上陸できない。

そこで、さらに東方の長門国をめざした。

しかし、長門国の警備も強化されていた。

長門はかつて元使の杜世忠がやって来たことがあり、幕府はそれ以来、長門の警備を強化していた。

なお、幕府は、執権時宗の弟、宗頼《むねより》を長門探題に任命していた。

また、幕府は長門だけでなく、山陰地方の石見、出雲方面の警備にも力を入れていた。

幕府がもっとも恐れたのは、敵が瀬戸内海を通って直接、京都にのり込んで来ることだった。
そのときは播磨で防げ、と幕府は命じた。

「異賊ノ事、御用心厳密ノ間、相模七郎業時《なりとき》ヲ播磨国ニ差置カルル所ナリ。賊船、山陽海路ヲ乱入スルノ由ソノ聞エアラバ、業時ノ命ニシタガヒ、防戦シテ忠ヲ致サルベキノ状、依テ執達件ノ如シ。

相模守（時宗）」

結局、東路軍は長門に上陸できなかった。警備が強化されており、防塁もあったからだ。

志賀島の戦い

意気消沈の日本軍

博多湾の近くで東路軍の司令官、忻都が諸将をあつめ、協議した。そして、志賀島から上陸して博多に攻め入ろうということになった。志賀島には石塁は築かれていなかった。

いっぽう日本勢は、九州各地から御家人武士たちが博多湾岸にあつまって来た。九州勢だけでなく、関東からも、安達盛宗《もりむね》が多くの軍勢をひきいてかけつけた。そして、石築地の上には、かがり火が焚かれた。

しかし兵糧が十分ではなく、日本将兵は体力の面でも、気力の面でも問題があった。当時の資料――

「九国（九州）二島（対馬、壱岐）の兵ども馳せ集まり、矢さきをそろえて待つといへども、兵糧乏しくて力うすく、鎧おもく、魂、身にそわぬ心地して、弓を引くべき勇もなし」③

夜襲、敵船炎上

そういう中で六月六日の夜、日本側から二艘の小舟がこっそり元船に近づき、とつぜん火を放って元船を燃え上らせた。天草の大矢野種保《おおやのたねやす》とその郎党たちだった。

大矢野らは燃える元船に乗りうつり、二十あまりの敵の首級《しるし》をあげ、引きあげた。

その後も、日本軍はつぎつぎと小舟で敵船をめざした。草野次郎も敵船に夜襲をかけ、船にのりこんで敵の首をとった。

しかし、その後は敵側にも応戦の態勢ができ、日本軍が船を漕ぎ寄せても、そのほとんどは矢を射たれ、たおれた。

志賀島攻防戦の果てに

そこで鎮西奉行の少弐経資が、

「命令なくして攻めるべからず」

と命じて、やめさせた。

そして、六月八、九の二日間、志賀島の上陸で、東路軍と日本軍のはげしい攻防戦が行なわれた。

結局、東路軍は、志賀島から上陸して博多の町を占拠するという目論見《もくろみ》は、実現できなかった。

東路軍が志賀島沖をはなれたのは、六月十三日だった。六月十五日に壱岐沖で、江南軍と合流することになっていたからだ。

東路軍の移動を知った鎮西奉行、少弐経資は、多くの御家人武士を引きつれて追いかけた。

撤退か戦闘か

苦しむ東路軍

約束の六月十五日になったが、江南軍は姿を見せなかった。

それからさらに五日経っても、十日経っても、江南軍は現われなかった。

太陽暦では七月末、真夏である。食糧や水は腐りはじめ、野菜もなくなった。

疫病や脚気がまんえんし、三千人あまりが死んだ。病人は博多湾のときから出ていたが、ここにきて、さらに増えてきた。

最高司令官、忻都が、幹部将校を旗艦にあつめた。

忻都と洪茶丘は弱気になっていた。忻都がこう言った。

「江南の本隊と壱岐島で相会し、一挙に日本へ攻め入ることに決めていたが、われらのみで数十度の激戦をし、そのたびごとに失敗した。もしこのまま年月をすごすと、兵糧は尽き果てるであろう。あまつさえ、疫病まで流行して病に冒される者も多く、それがために倒れる者、何千人に及んでいる。われらは、もはや戦う気力を失った。直ちに戦をやめて帰陣するより外に道はないと思うが、いかに」⑧

この忻都の撤退論に、諸将たちは賛成した。

これに対して、断固、戦うべしと主戦論・強硬論を主張したのが、高麗の金方慶だった。前回と同じだ。

主戦論を唱える金方慶

金方慶は、同じ高麗人の洪茶丘からひどい目に会ったことがあり、拷問を受けたこともあった。にくい洪茶丘への反発心からか、金方慶はあえて主戦論をとなえた。

金方慶はこう言った。

「諸将らは皇帝の命を受けてはるばる日本攻略に来ていながら、いまだに何らの成果も得ず、おめおめ帰国すると言われるのか。まことにこの議おだやかでありません」

この日は結論を出さなかった。

二、三日後にふたたび諸将があつまった。金方慶は、相かわらず主戦論を主張した。

「三ヵ月分の糧食を用意しているから、まだ一ヵ月あまりは支えられる。江南の本隊が遅れているとはいえ、今日、明日のうちにはきっと到着するであろうから、それまで待って一挙に攻めれば、たかが孤島の日本の奴輩です。討ち平らげることは、袋のネズミも同然です」

金方慶がつよく主張したので、撤退、帰陣は取りやめとなった。

しかし、江南軍はまだ姿を見せない。新鮮な食糧、野菜、飲料水の補給をどうするか。

東路軍は、それらを壱岐島で手に入れようとした。

いっぽう鎮西奉公、小弐経資はそれを許してはならないと考えた。そこで経資は、九州の御家人たちに壱岐への出動を命じた。

そこで肥前の竜造寺、薩摩の島津、松浦水軍の一族郎党など、多くの軍勢が壱岐にわたった。経資自身、父（資能）や子（資時《すけとき》）とともに壱岐へ向かった。

江南軍、到着

おくれた江南軍

六月二十九日から七月二日まで、壱岐島で激烈な戦いがつづいた。日本軍勢の数も万を超えていた。

この戦いの中で、少弐経資の子、資時《すけとき》も死んだ。十九歳だった。

ところが、いつの間にか東路軍は壱岐から姿を消した。待ちに待った江南軍がやっと到着したのだ。

実は江南軍は、出発が大幅におくれた。六月十五日に壱岐で合流することになっていたが、江南軍が慶元（寧波）を出航したのは、何と六月十八日だった。

おくれた理由は、出航直前、総司令官のアラカンが急病で倒れたためだ。

その後アタハイが総司令官に任命されたが、この交代劇のため、出航が大幅におくれることになったのだ。

江南軍の兵力は十万、そのほとんどは南宋の降兵だった。また艦船三千五百艘のうち、二千九百艘は南宋軍の艦船を転用したもので、新しく造ったのは六百艘にすぎなかった。

江南軍が平戸島の近くに到着したのは、七月初めだった。

東路軍と江南軍は、やっと合流することができた。これで総兵力十四万、総艦船四千四百艘の大軍となった。

ところがどういう訳か、平戸島付近に浮かんだまま二十日間以上も動かなかった。これが彼らの命とりとなった。

動き出したのは、七月二十七日だった。

熾烈を極める攻防戦

多数の船が東の方に動きだした。そして、一部は伊万里湾にはいり、鷹島に上陸して鷹島周辺を占拠した。そこから、陸行で大宰府をめざすつもりだった。

その夜から、日本軍と連合軍の激しい戦いがはじまった。海上でも、日本軍は敵艦に小舟でおそいかかった。

竹崎季長は、この弘安の役でも大活躍した。夜、小舟で敵艦に近づき、斬りこんだ。これが評価され、季長はのち、左兵衛尉に任命された。

江南の大軍が襲来したことを知った幕府は、後深草上皇と亀山上皇を東国に移し、後宇多天皇は幕府の護衛兵で守ることにした。

さらに幕府は、中国地方の軍勢三万あまりを九州に下向させた。

猛烈台風

元軍、荒海に姿を消す

七月末日（三十日）、朝から晴、東路軍と江南軍の幹部将校たちが集まり、軍議をひらいた。

翌日の夜明けを待って各地の海岸から上陸して大宰府に攻めこむ、ということが決まった。

ところがその三十日の夕方から、急に雨と風がはげしくなった。そして夜になると、海は荒れ狂い、多くの船は砕かれ、荒海に沈んでいった。猛烈な台風だった。(太陽暦では八月中旬)。

当時の史料——

「七月三十日の夜半に西北の風が吹き荒び、閏七月一日には、賊船ことごとく漂蕩《ひょうとう》して海に沈んだ。鷹島に打ち上げられた数千人は船なくして疲労困ぱいしていたが、破船をつくろい、七、八隻にモンゴル、高麗軍が打ち乗りて逃れんとした」⑲

翌日(閏七月一日)、夜が明けると、海上に大船団の姿はなかった。

多くの軍船が鷹島、平戸、壱岐の近海で波間に沈んだ。各地の島々や、浜辺に打ち上げられた軍船や兵士も多かった。

浜辺が死体でふさがった、と史書にある。

「大風に会い、蛮軍（江南軍）みな溺死す。屍は潮汐にしたがって浦に入り、浦これがためにふさがり、踏み行くを得たり」

また他の史料にも、

「死人多くかさなりて、島をつくるに相似たり」とある。

被害は東路軍より江南軍の方が大きかった。南宋時代の古い船が多く、壊れやすかったからだ。

掃蕩戦と元軍捕虜

生きて各地の島々に打ちあげられた兵士も数千人ほどいた。

生きのこりの敵兵が多くいると聞いた鎮西奉行・少弐経資は、弟の少弐景資の指揮の下、数百艘の軍船を送りこんだ。

掃蕩戦は数日におよんだ。日本軍に降伏し、捕虜になった数千人は博多につれて行かれた。

そして、モンゴル人、漢人、高麗人はすべて那珂《なか》川で首をはねられた。

ただ南宋人は貿易で日本と親しかったこともあり、命だけは助けて労働に使った。はねた首は最初さらしたが、何しろ真夏である。悪臭がひどく、その後、今津の台地に大きな穴をいくつも掘り、首と遺体を埋めた。

東路軍と江南軍合わせて十四万の大軍が日本に侵攻して来たが、そのうち十万人以上が死んだ。

元軍は東路軍と江南軍、合わせて十三万人中、十万人が死に、高麗軍は一万人中、七千人が死んだ。

第八章

フビライの三征計画

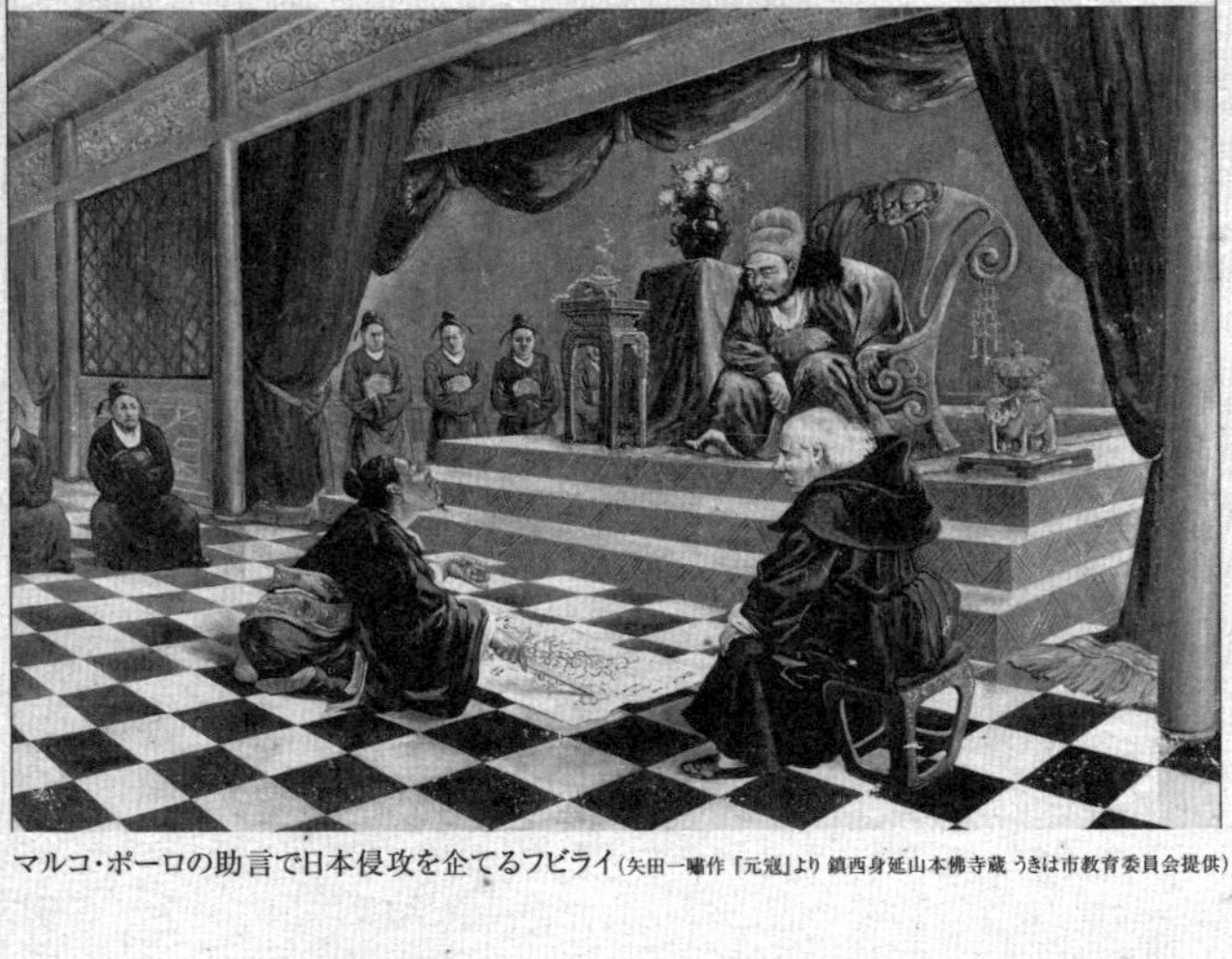

マルコ・ポーロの助言で日本侵攻を企てるフビライ（矢田一嘯作『元寇』より 鎮西身延山本佛寺蔵 うきは市教育委員会提供）

敗残兵の帰省

敗戦報告を受けるフビライ

大破した軍船と生きのこった兵士たちが、続々と高麗の合浦にもどってきた。

このとき高麗国王忠烈王は、慶尚道の安東《アンドン》を巡察中だった。

兵士たちがもどって来ているとの報告をうけた忠烈王は、さっそく合浦に向かった。

それからしばらくして、高麗将軍の金方慶を乗せた船が合浦に入港した。金方慶は疲れはて、弱々しく、別人のようだった。

その後、アタハイ・忻都・洪茶丘・范文虎ら元軍の幹部クラスも合浦にたどりついた。

忠烈王は、金方慶からくわしい報告をうけた。

その報告をもとに、忠烈王はフビライあてにくわしい報告書を書き、使者をモンゴルへ走らせた。

そして閏七月二十九日、上都（開平）の大安閣で使者はフビライに会った。

元の皇帝フビライは、日本の報復をおそれた。そこでフビライは、高麗や中国沿岸の防備を固めるよう、両国に命じた。

幕府の異国征伐計画

いっぽう、敵軍壊滅の報を聞いた幕府は、勢いにのり、ふたたび「異国征伐」の準備を命じた。そしてこんども、幕府は大和、山城の悪党や悪僧を徴発しようとした。

大和国で、悪党を告発するよう民衆に呼びかけると、こういう告発があった。

「米谷の教信ならびに教念・僧身として鹿を殺し、また教盗をし、よろずの寄沙汰《よせざた》（暴力）する身なり。（私の告発が）虚言候はば、神、仏の罰をかぶり候べし」⒅

計画の断念と国土防衛

しかし、やはり御家人たちの負担が大きすぎ、異国征伐計画はその後、取り消しとなった。そして、国土防衛に力をそそぐことになった。

幕府は、元軍の捕虜たちが博多港から脱走するのを防ぐため、外国船の検査を命じた。博多の港には、貿易のため多くの外国船が入港しており、外国人も多かった。

第一条．（御家人は）勝手に上洛したり、遠くに出かけたり、本拠地をはなれてはいけない

◇

第二条．元軍の捕虜については、まだ処分が決まっていない港には外国船が多い。捕虜たちがたやすく日本から出るようなことがあってはならない。検分せよ

第三条．他国からやって来た異国人は警戒せよ

第四条．石築地の修理と異国警固番役は怠りなく勤めよ（⑮）

◇

フビライの三征計画

守備固めと再征計画

年が明けると（一二八二年）、フビライは日本征討のための征東行省を廃止し、将軍たちを解任した。

そして日本軍の報復にそなえるため、高麗の金州《キムジェ》（慶尚道）にモンゴル兵五百人を派兵した。

さらに二月になると、フビライは耽羅《タムナ》（済州島《チェジュド》）にも、モンゴル人、漢人からなる守備兵千四百人を送って守備体制をかためた。

ところが、その直後、フビライはまたまた日本遠征の準備をはじめた。中国の江南地方に艦船千艘の建造を命じ、そのための材木の伐採を指示した。フビライは一年半後（一二八三年八月）の出征を予定していた。

フビライとしては、遠征の失敗は海難（台風）のせいで、戦闘に負けたのではない、という思いがあった。

七月になると、高麗国王忠烈王が先手をとって、艦船百五十艘の建造を申し出た。しかし、それで足りるわけがない。フビライは、七百艘の建造を命じた。

九月にはいり、高麗と中国大陸で艦船の建造がはじまった。

日本軍のスパイ作戦

ちょうどそのころ、中国の福建省で賈祐《かゆう》という男が捕まった。賈祐は、実は「倭国《わこく》諜者《ちょうじゃ》」、日本のスパイだった。

賈祐は前年の日本遠征（弘安の役）の江南軍に従軍していたが、日本の捕虜になった。

日本側がどういう説得をしたのか分からないが、元の軍事情勢、遠征計画を探るため、日本のスパイとして中国に送りこまれていた。

このころ、敵国の軍事情報をつかむため、日本が敵地に送りこんだスパイはひとりやふたりではなかったようだ。

征東行省の再設置

十二月、フビライは、建艦を急ぐよう高麗に命じた。

年があけ（一二八三年）、元の皇帝フビライは、廃止していた征東行省を再置した。そして高麗国王忠烈王を、前回同様、左丞相に任命した。

そしてフビライは、遠征に必要な兵糧二十万石の提供を高麗を命じた。

高麗はこまった。農民だけでは負担できないので、貴族、官僚、商工人にも一定額をわり当てることにした。

高麗で兵士の徴用もすすめられた。ただ、壮丁の男たちが少なかったので、勉強中の若い学生たちまで引っぱり出した。

しかし、この強引なやり方には反発がつよく、逃亡する者が続出した。

民衆の猛反発と遠征中止

中国大陸でも遠征準備が強行されたが、江南地方の中国人の反発・不満もひじょうに強く、江南各地で騒動・暴動がひん発した。

それを見た御史中丞の崔彧《さいいく》が、日本遠征は延期した方がいい、とフビライに奏上した。

「江南に盗賊、相つぎて起る。およそ二百余所なり。みな海船を造り、民生に安んぜず、激して変を成すによる。

日本の役は、しばらく之を止むべし。二、三年後に東征するも、未だ遅からず」

こうなると、さすがのフビライもちゅうちょせざるを得ない。そして五月、フビライは日本遠征計画の中止を発表した。
動員された兵士は解散、艦船の建造も中止、兵糧などの徴発も停止された。

占城・中国の抵抗

蘇る遠征計画と王君治の派遣

ところがそれからわずか三ヵ月後（八月）、フビライはまたしても徴兵・建艦を命じた。日本遠征計画が生き返ったのだ。

そのいっぽう、フビライはまたまた宣諭使を日本に派遣することにした。そして八月、フビライは使者、王君治《おうくんじ》に禅僧の如智《じょち》らを同行させ、江南から出発させた。禅僧を同行させたのは、日本人が仏教信仰にあついことを知っていたからだ。

このとき、王君治が持参した元の国書には、こう書かれていた。

「上天の皇帝、聖旨して日本国王に諭す。この頃、信使を捕えて返さざるにより、我は舟師《しゅうし》にて進問するの役あり。いま長老、如智、提挙《ていきょ》、王君治を遣わし、詔《みことのり》を奉じて彼に往かしむ。それ和好のほかに余善なし。戦争のほかに余悪なし。果して能くこれを審かにして帰順し、去使とともに来朝せよ。彼に諭す所以なり」(4)

すなおに服属・帰順して入朝、朝貢せよという、これまでの国書と同じだ。

ところが出航してしばらくすると、王君治たちは恐くなった。これまで日本に行った使者たちが、何人も殺されてきたからだ。

王君治たちは、海上の孤島に数ヵ月間とどまり、暴風雨にやられた、と言って引き返してきたのだ。

フビライは、武力討伐につき進むしかなかった。

続発する反乱、占城の抵抗

ところがこの年(一二八三)九月、中国の広東省で元に反抗する大一揆がおきた。

そして十月、こんどは福建省で十万人の大反乱が勃発した。スローガンは、元王朝の討伐と宋王朝の復興だった。

フビライは、この大一揆、大反乱を鎮圧するため、二万二千の大軍を投入した。日本遠征のために動員していた軍隊も出動させた。そして三ヵ月後、やっとこれらを鎮圧することができた。

年が明けると、こんどはベトナムの占城《チャンパ》王国を攻撃した。

一二八四年二月、フビライはアタハイに一万五千の兵を任せ、二百艘の船で広州から占城へ出動させた。

南ベトナムの占城王国は元の支配をうけていたが、たびたび元に抵抗し、反抗した。だからフビライはこの年、武力で占城を制圧しようとしたのだ。

ところがこのとき、元の大船団は暴風雨で大損害をうけ、結局占城を制圧することは出来なかった。

同じころ、中国の広西省でおきた農民反乱が広東省、湖南省にも広がり、多くの民衆が立ち上った。また江西省、福建省でも一揆がおきた。

こういう状況では日本遠征どころではない。

準備中止と王積翁の派遣

フビライは、遠征準備の中断を発表した。これは高麗にも伝えられ、艦船の建造や武器の製造が停止された。

そして五月、フビライはふたたび征東行省を廃止した。そして、フビライは、また元使を日本に派遣した。

元使の王積翁《おうせきおう》は禅僧の如智（前回の王君治にも同行）とともに五月十三日、江南の慶元（寧波）を出航した。

一行は高麗の合浦にしばらくとどまり、七月十四日、対馬についた。

ところが、対馬から先には行きたくないという者たちが共謀して、ある日、王積翁を殺してしまった。

こんな大事件がおきたら、残された者たちは引き返すしかない。

霜月騒動

時宗の急死

実はこのとき、幕府の第八代執権・北条時宗が亡くなっていた。

この年（一二八四、弘安七）三月二十八日、北条時宗はとつぜん、病にたおれた。

そして四月四日、時宗は急死した。死因は分からない。三十四歳だった。

臨終のとき、時宗は、無学祖元を導師に出家した（祖元はこの二年後に死亡）。亀山上皇の京都朝廷は、時宗の死をうけ、予定した祭礼を一ヵ月間、取りやめ、さらに四ヵ月間、全国での殺生を禁じ、狩猟・漁労を禁止した。

時宗のあとは、ひとり息子の北条貞時《さだとき》が十四歳で執権となった。後見人は、ひきつづき安達泰盛。

時宗夫人の堀内殿（泰盛の妹）は、三十三歳で出家した。こののち、堀内殿は鎌倉に東慶寺《とうけいじ》（のちの駆込寺）を創建し、開山となった。

日本遠征計画の再燃

年が明けると（一二八五年）、皇帝フビライがまたまた日本侵略に本気になった。このとき、フビライは七十歳をこえていた。

そして四月になり、中国でも高麗でも戦闘訓練、海上訓練がはじまった。

十月になると、またまた征東行省が設置された。三回目の設置だ。そして、アタハイと洪茶丘が長官に任命された。

十一月になり、日本遠征計画が発表された。

それによると、全軍、高麗の合浦に集結して、合浦から同時に出航することになった。前回（弘安の役）、高麗と江南の二ヵ所から出航して、合流に苦労したからだ。

兵糧の負担は、江南が百万石、高麗は十万石となった。

安達泰盛の死「霜月騒動」

いっぽうそのころ、日本では幕閣の中で大変な事件がおきていた。霜月騒動である。

この年（一二八五、弘安八）、十一月十七日、昼ごろ、幕府のナンバー1の実力者、安達泰盛が武士たちに守られ、執権北条貞時の屋敷に向かっていた。

そこにとつぜん内管領・平頼綱《よりつな》の御内人（得宗家の家人）の勢力が現われ、安達泰盛をはじめ、泰盛派の武士三十人が殺害された。

幕府の二大実力者、安達泰盛と平頼綱の権力闘争だった。

その後、安達一族をはじめ、泰盛派の武士、役人もことごとく殺された。これを霜月騒動という。

この争いは九州の鎮西奉行、少弐家にも波及し、少弐経資と弟の景資の戦いとなり、泰盛派の景資が討たれた。これを岩門《いわと》合戦という。

権力者、平頼綱の末路

この霜月騒動のあと、平頼綱が幕府の実権をにぎった。ところがこの平頼綱の政治は、とんでもない独裁政治、ワンマン政治だった。当時の史料にも、

「今ハ争ウ方モ無クテ、一人シテ天下ノ事ヲノットリケリ」とある。

あまりにひどかったので、八年後(一二九三年)、執権北条貞時が討手を出して、平頼綱をはじめ、その一族をことごとく滅ぼした。

このあと執権北条貞時が、名実ともに幕府の実権をにぎることになった。

劉宣の諫言

関東参訴と鎮西談義所の設置

ところで弘安の役のあと、御家人、非御家人を問わず、戦功の申し立てがひじょう

に多かった。

九州の鎮西奉行所では裁ききれず、パニック状態になった。そこでかつての竹崎季長のように、直接、鎌倉にのりこんで訴える「関東参訴」が多くなった。

そのため幕府は、関東参訴を禁止するとともに、少弐、大友、宇都宮、渋谷の四人からなる裁許機関、九州統治機関を博多に設置した。これが鎮西談議所である。

幕府の御教書に、こうある。


「これからは特別の許可がない限り関東、六波羅に参ずるべきではない。九州に在住して異国警固にあたるべきである。もし訴談があれば、少弐経資、大友頼泰、宇都宮《うつのみや》通房《みちふさ》、渋谷《しぶや》重郷《しげさと》が寄り合い、〝尋ね成敗〟するようにしなさい。もし九州で裁訴できないなら関東に注進すべきである。越訴であっても、よく調べて注進しなさい」（②）

劉宣の諫言、遠征計画の断念

元の皇帝フビライは、どんなことがあっても日本遠征を決行するつもりでいた。しかし一二八六年のはじめ、側近の劉宣が、内外の情勢をフビライに説明し、日本遠征

郵便はがき

850-8790

料金受取人払郵便

長崎中央局
承認

1371

差出有効期限
2024年1月
14日まで
(切手不要)

長崎市大黒町3－1
長崎交通産業ビル5階

株式会社 長崎文献社
愛読者係 行

本書をお買い上げいただき、誠にありがとうございました。
ご返信の中から抽選で50名の方に弊社制作の長崎に関するポストカード(5枚)を贈呈いたします(12月末抽選、発送をもって発表にかえさせていただきます)。

フリガナ **お名前**	**男・女** **歳**
ご住所 (〒　　　ー　　　)	
Eメール アドレス	
ご職業 ①学生　②会社員　③公務員　④自営業　⑤自由業 ⑥主婦　⑦その他 (　　　　　　　　)	

愛読者カード

ご記入日　　　年　　月　　日

本書のタイトル	

1. 本書をどのようにしてお知りになりましたか

①書店　②広告・書評（新聞・雑誌・テレビ）　③チラシ
④弊社ホームページ　⑤人にすすめられて　⑥出版目録
⑦その他（　　　　　　　　　　　　　　　　）

2. 本書をどこで購入されましたか

①書店店頭　②ネット書店（アマゾン等）　③弊社ホームページ
④贈呈　⑤その他（　　　　　　　　　　　　　　　　）

3. 本書ご購入の動機（複数可）

①内容がおもしろそうだった　②タイトル、帯のコメントにひかれた
③デザイン、装丁がよかった　④買いやすい価格だった
⑤その他（　　　　　　　　　　　　　　　　）

本書、弊社出版物に関しお気づきのご意見ご感想ご要望等

（ご感想につきましては匿名で広告などに使わせていただく場合がございます。）

ご協力ありがとうございました。良い本づくりの参考にさせていただきます。

はやめた方がいい、と諫言した。

「南方の占城（南ベトナム）、交趾《こうし》（北ベトナム）征伐はすでに数年になります。官民ともに軍備の負担に苦しみ、ついに広東では群盗がはびこるようになりました。南方派遣のわが軍兵は、灼熱の地になやまされ、死傷する者はその半ばに達しております。交趾（安南王国）はわが国と境を接する小国でありますが、征服はなかなか思うように進みません。このときに当り、海洋はるかに遠い日本国に遠征することはどうでしょう。占城や交趾とは比べものにならぬと考えます。今かりに風波の難を免かれ、日本に到着したとしても、日本は土地広く、人民も多く、その兵が四方から攻めかけて来たら、元軍には援《たす》けがありません。まして日本は高麗よりも遠方にあります。そんな国へ兵を差し向けても、とうてい成功する見込みはありません」⑧

さすがのフビライも、日本遠征計画を取りやめる、と発表した。そして、またまた征東行省を廃止した。三度目の廃止だ。

動員されていた兵士や労役夫たちは、ただちに解放された。中国江南地方の人々は

ひじょうに喜び、

「江浙《こうせつ》の軍民、歓声、雷のごとし」だった。

しかし、このことを日本は知らない。

多々良湾の乱杭

翌年（一二八七）三月、鎮西奉行、少弐経資は、博多湾の警固を強化するため、多々良潟に乱杭《らんぐい》を立てるように命じた。

多々良潟とは、箱崎の東方にある多々良川の河口にある入江の潟のことで、ここに石築地を築くことはできなかった。

そこで敵船が近寄れないよう、ここの海中に数本の乱杭を立てた。

フビライの死

洪君祥の派遣

それから数年経った一二九二年、フビライはなお日本遠征をあきらめていなかった。

そして九月、フビライは洪君祥《こうくんしょう》を高麗国王のもとに派遣した。洪君祥はあの洪茶丘の弟であるが、兄とちがい、高麗では信頼されていた。

高麗国王忠烈王は、自分が日本遠征の先頭に立ちたいと答えたが、もちろん本心ではなかった。

忠烈王は遠征の前に使者を日本に派遣して、元に服属、入朝するよう、日本を説得することにした。

そして十月、高麗は宣諭使、金有成を日本に派遣した。金有成にとって、二度目の日本使行だった（一度目は一二六九年）。

宣諭使、金有成

金有成は、忠烈王の国書をたずさえて博多についた。

それには高麗は元に臣従して国を保ち、宋は元に逆らって国を亡ぼした。だから、日本も元に使者を派遣して早く入朝した方がいい、と書いてあった。

「わが国、祖先より大元に臣事し、その来るや尚し。予は世子たりし時、父についで親朝す。皇帝とくに寵渥《ちょうあく》を垂れ、公主を尚するを許し、冊して駙馬となす。百姓は按堵し、業を楽しみ、生に安んず。貴国、わが国の存するを思い、宋の亡ぶに懲り、一介の使を遣わし、一尺の書を奉じ、大元に朝すれば、今に損なく後に益あり。誠に貴国、社稷《しゃしょく》の福なり。もし朝せざれば、存亡の機、未だ知るべからず。貴国ははるかに海外にあり。ただ使を遣わして入朝するも、決して後患なし」

その後、金有成たちは鎌倉に送られたが、そのあとどうなったのか、よく分かっていない。

幕府に処刑されたという説、高麗に帰ったという説、あるいは、そのまま日本にとどまって日本で病死したという説もある。

皇帝フビライの最期

その翌年（一二九三）八月、フビライの使者が高麗にやってきて艦船の建造と兵糧米の徴集を命じた。

しかし高麗はその負担に耐えられない。そこで国王忠烈王は高麗の窮状をフビライに訴えるため、公主（妻クツルガイミシ）とともに開京を発ち、大都に向かった。

そして十二月、国王と公主は大都についた。ところがこのとき、フビライは重病で床に伏しており、回復の見込みはなかった。

翌年（一二九四）一月、元の皇帝フビライは八十歳でこの世を去った。在位三十年だった。

フビライと正妻チャブイの間には男の子がいなかった（四人とも女）ので、第六代皇帝には孫の成宗テムルが即位した。

フビライの死とともに、日本遠征計画は完全に終った。

こうして、二度にわたる元と高麗の日本侵攻は、台風もあり失敗におわった。

しかし、たとえ台風がなかったとしても、フビライが日本を征服し、日本人を支配することはできなかったであろう。


（了）

参考文献

1. 『日本の歴史8』　黒田俊雄　中央公論社
2. 『蒙古襲来』　新井孝重　吉川弘文館
3. 『蒙古襲来』　太田弘毅　錦正社
4. 『元寇』　旗田巍　中公新書
5. 『蒙古襲来と鎌倉幕府』　南基鶴　臨川書店
6. 『蒙古襲来のコリア史』　片野次雄　彩流社
7. 『決断』　童門冬二　NHK出版
8. 『元寇物語』　田中政喜　青雲書房
9. 『蒙古襲来の研究』　相田二郎　吉川弘文館
10. 『網野善彦著作集5』　岩波書店
11. 『北条時宗のすべて』　佐藤和彦、樋口州男（編）　新人物往来社
12. 『北条時宗の謎』　北条氏研究会　新人物往来社
13. 『北条時宗と蒙古襲来』　村井章介　NHK出版
14. 『蒙古襲来』　龍粛　至文堂
15. 『モンゴル襲来の衝撃』　佐伯弘次　中央公論社
16. 『クビライの挑戦』　杉山正明　朝日新聞社
17. 『北条時宗の生涯』　童門冬二　三笠書房
18. 『蒙古襲来』　海津一朗　吉川弘文館
19. 『鷹島町郷土史』　鷹島町
20. 『元寇』　田尻昌次　織田書店
21. 『元寇史話』　田中政喜　帝国書院

本文中の註番号（　）は右の文献番号を指す。

〈著者　プロフィール〉
志岐　隆重（しき　たかしげ）

〈略歴〉
一九三八年生まれ。
一九六二年広島大学卒。
以後、長崎県立高校教諭（社会科）。
一九九九年退職。長崎市在住。

〈著書〉（歴史ノンフィクション）
『島原・天草の乱』　葦書房
『天正少年使節』　長崎文献社
『長崎出島四大事件』　長崎新聞社
『トーマス・グラバーと倉場富三郎』　長崎新聞社
『十二回の朝鮮通信使』　長崎文献社

日本存亡の危機
元と高麗の侵攻
そのとき北条時宗は何を決断したのか

発行日　2015年11月10日　初版発行
著　者　志岐隆重
発行人　柴田　義孝
編集人　堀　憲昭
発行所　株式会社　長崎文献社
長崎市大黒町3丁目1番　長崎交通産業ビル5階
TEL 095（823）5247　FAX 095（823）5252
HP http://www.e-bunken.com
印刷所　大同印刷株式会社

ISBN978-4-88851-247-3 C0021